HEYNE <

Alexander Langer

Schneeschippen in Kanada

In 15 Jobs bis ans Ende der Welt

WILHELM HEYNE VERLAG
MÜNCHEN

Der Verlag weist ausdrücklich darauf hin, dass im Text enthaltene externe Links vom Verlag nur bis zum Zeitpunkt der Buchveröffentlichung eingesehen werden konnten. Auf spätere Veränderungen hat der Verlag keinerlei Einfluss. Eine Haftung des Verlags ist daher ausgeschlossen.

Dieses Buch ist auch als E-Book erhältlich.

Verlagsgruppe Random House FSC® N001967

Originalausgabe 12/2016

© 2016 by Wilhelm Heyne Verlag, München,
in der Verlagsgruppe Random House GmbH,
Neumarkter Str. 28, 81673 München
Redaktion: Sarah Otter
Umschlaggestaltung: yellowfarm GmbH, s. freischem
Satz: Buch-Werkstatt GmbH, Bad Aibling
Druck und Bindung: CPI books GmbH, Leck
ISBN: 978-3-453-60420-9

www.heyne.de

Inhalt

1 Sein eigenes Ding machen 7
2 Young Money Cash Money Billionaire 12
3 Schneller, als er fällt 17
4 Bahama-Beige 27
5 Gefühl für die Straße 45
6 Am richtigen Finger riechen 62
7 Immenhof Vice 77
8 Ihn halten wie ein Profi 113
9 Das Konzept Sprache 134
10 Mark, der Sohn des Hauses 153
11 Amazon-Alumnus 164
12 Du weißt nicht, wer Herr Kwang ist 174
13 Daytrading im Wedding 182
14 Was dein innerer Sechsjähriger will 194

1 Sein eigenes Ding machen

Hier ist die Situation: Deine Mutter steht auf der Veranda des Hauses in der offenen Tür. Du bist fünfzehn Jahre alt und siehst sie von der Straße aus, du siehst, dass sie wartet. Sie lehnt nicht einfach nur so am Türrahmen, weil sie mal fünf Minuten frische Luft schnappen will oder sich vielleicht mit der Nachbarin auf der anderen Straßenseite unterhält. Es ist zu spät und zu dunkel im verschlafenen Vorort von Montreal, um sich noch über die Straße hinweg zu unterhalten, es ist schon zu kalt, jetzt im Herbst, um einfach so ohne Zweck und Absicht draußen zu stehen, auch wenn gerade noch ein letzter hellblauer Fitzel Tageslicht hinter eurem Haus schimmert und irgendwo ein letzter Vogel sich selber etwas vortschilpt.

Und du siehst, dass deine Mutter rein gar nichts macht, nur zu dir auf die Straße sieht, die du gerade, after-school-stoned und mit dem schlechten Gewissen desjenigen, der sich nicht vom Abendessen abgemeldet hat, auf dem Skateboard raufschmirgelst.

Das ganze Bild eine verdammte Postkarte, unter der im Zapfino-Font »Warten« steht oder »Abend« oder »Herbstimpression« oder »Später Besuch« oder so etwas in der Art.

Du stehst in der Auffahrt, und deine Mutter sagt dir, dass sie mit dir reden muss.

Es ist nie gut, wenn du fünfzehn Jahre alt bist und deine Mutter mit dir reden muss. *Muss,* nicht will. Das ist ein riesiger Unterschied. *Will* wäre schon schlecht genug, aber das hätte allen Erfahrungen nach wenigstens noch Zeit bis zum nächsten Morgen.

Muss ist eine Nummer heftiger. *Muss* bedeutet, dass deine Mutter eigentlich überhaupt nicht mit dir reden will, es aber Umstände und Zwänge und vielleicht sogar richtige Institutionen gibt, die das Reden erfordern, die auch keinerlei Aufschub dulden. Ich setze das alles langsam in meinem fünfzehnjährigen Kopf zusammen, stelle das Skateboard in der Auffahrt zum Haus unter meinen Fuß, während meine Mutter noch immer vor mir in der offenen Tür auf der Veranda steht und das Redenmüssen-Gesicht macht. Die Erfahrung sagt mir, dass Redenmüssen nur mit der Schule zusammenhängen kann.

Wenn du also ein Fünfzehnjähriger bist, der nicht gerne in die Schule geht und eigentlich Tag für Tag Scheiße baut, wie es in der Fachsprache heißt, dann bist du ziemlich sensibilisiert, was die Laune der nächsten Autoritätspersonen angeht. Regel Nummer eins: Es ist nie gut, wenn deine Mutter ankündigt, mit dir reden zu müssen.

Wir gehen ins Haus. Meine Mutter lässt sich in einen Sitzsack in der Ecke meines Zimmers fallen und macht ein Gesicht, wie ich es von ihr kenne, wenn ich mal wieder etwas angestellt habe: Skateboardunfall. Mit dem Skateboard fremdes Eigentum beschädigt. Mit dem Skateboard auf den Gängen der Schule gefahren.

Sie sagt: »Ich erzähle dir nichts Neues, wenn ich sage, dass unser Geld knapp ist.«

Das tut sie tatsächlich nicht. Das ist ein alter Hut, und er wird oft als Einleitung verwendet, wenn ich mal wieder etwas kaputt gemacht habe, für das meine Mutter aufkommen muss. Ich krame im Gedächtnis, finde aber keine noch nicht besprochenen Ereignisse, für die eine solche Einleitung notwendig wäre.

»Dein Vater schickt auch nur gelegentlich Geld, das weißt du, oder?«

Das weiß ich. Seit ein paar Jahren schickt mein Vater Geld, aber eben nur gelegentlich, nur, wenn er es geschafft hat, irgendwo einen Job zu bekommen und ihn bis zum Zahltag durchzuhalten. Als ich klein war, sind meine Eltern aus Deutschland nach Montreal im kalten Kanada ausgewandert, wo mein Vater als Ingenieur für ein Projekt arbeiten sollte. Meine Mutter fand schnell Arbeit als Kindergärtnerin. Das Projekt meines Vaters fing irgendwie nie richtig an, was auch daran gelegen haben mag, dass der Winter damals außerordentlich kalt und die Firma seltsamerweise ausgerechnet darauf nicht vorbereitet war. Mein Vater hielt es noch ein paar Jahre mit uns aus, dann ging er fort, projektlos und frierend, um sein eigenes Ding zu machen.

Das alles zähle ich im Kopf auf und versuche, es mit Dingen zusammenzupuzzlen, die ich in letzter Zeit verbrochen haben könnte.

Meine Mutter sieht mich erwartungsvoll an. Die Situation wirkt auf eine ungeschickte Art feierlich, und ich sortiere einen Stapel *MAD*-Hefte auf dem Boden und bereite mich innerlich auf einen Schlag vor. Es war in letzter Zeit ziemlich ruhig, verdächtig ruhig, denn ich hatte die Hausaufgaben meistens rechtzeitig abschreiben können, was mir den größten Ärger ersparte, und weil ich mir im Herbst an einem der sonnigen Tage beim Skateboardfahren im Park zwei Rippen geprellt hatte, war ich einfach noch nicht voll auf der Höhe, um richtig etwas anzustellen. Umso verwirrender, dass ich ganz offenbar doch etwas falsch gemacht haben muss.

Meine Mutter sieht mir tief in die Augen und sagt: »Es tut mir leid, aber du musst dir einen Job suchen.«

Das muss ich für einen Augenblick verarbeiten. Meine Mutter, in Grabesstimmung, steht auf und sagt, dass wir am nächsten Morgen noch einmal darüber reden sollten, dann verabschiedet sie sich und schließt die Tür hinter sich.

Jetzt bin ich wach. Hellwach. Das ist das absolut Beste, was ich in den letzten Jahren von ihr gehört habe. Was für ein Gewinn. Ich bin im Geschäft. Ich bin dabei. Ein Job? Ein Job. Karriere. Raus aus der Schule, vielleicht, mittelfristig.

Ich werde Geld verdienen. Cash. Mein Ding machen. Mein eigenes Ding. Wie mein Vater. Ich werde Sonnenbrille tragen, zu jeder Tageszeit. Ich werde Mitschülerinnen zu McDonald's ins Drive-in einladen. Okay, Moment, hasple ich mir die Gedanken zurecht, erst kommt das Auto, dann das Drive-in, bis dahin führe ich sie ins Restaurant aus, McNuggets, Cola, Sundae-Eis, aber ja!

Meine Mutter steckt noch einmal den Kopf zur Tür herein und sagt, dass ich darüber aber bitte nicht die Schule vernachlässigen soll. Da kann ich sie beruhigen: Weniger würde sowieso nicht gehen.

In der Nacht liege ich wach und stelle mir vor, richtig Geld zu haben. Zwei Dinge wollen gekauft werden: ein Auto, später. Ein neues Skateboard, jetzt.

Wenn du fünfzehn Jahre alt bist und keine Lust auf Schule hast und dich eigentlich nur draußen herumtreiben willst, dann kannst du dir nichts Besseres vorstellen, als dass viele, viele Dollarscheine direkt in deine Hand wandern. Und von dort gleich in kolossale Luxusgüter wie Nikes oder Starter-Jacken mit großen Team-Logos oder Eishockeytickets oder, oder, oder. Die Möglichkeiten sind vielleicht nicht endlos, aber doch massiv zahlreich – zumindest so zahlreich, dass ich fast die ganze Nacht lang wach liege und rätsele, was genau ich zuerst kaufen soll. Was eine gute *Investition* wäre.

Beim Frühstück fragt meine Mutter, ob ich es mir überlegt hätte. Was überlegt?

Sie sagt, das mit dem Job sei eigentlich nur ein Vorschlag gewesen, sie hätte es einfach mal so ansprechen wollen, aber ich schüttele den Kopf, trinke schwachen Instant-Kaffee und knabbere an meinem Croissant – das leichte Frühstück des *Achievers*. Ich sage: »Warte mal ab. Ich mach das schon.« In meinen Aussagen bin ich vage, dennoch voller Versprechen. Das Vokabular eines zukünftigen CEOs. *Viel versprechen, noch mehr liefern.*

Ich sehe meine Mutter, wie sie in der sonnigen Küche sitzt und sich freut, dass unsere Lage doch nicht so schlimm ist, wie sie befürchtet hatte. Sie zieht einen Zettel unter dem Kühlschrankmagneten hervor und sagt: »Ich habe dir schon einen Kontakt hergestellt«, aber das bekomme ich gar nicht so richtig mit. Ich male mir irre Situationen aus: zum Beispiel, wie ich mir *auf der Arbeit* den Finger aus Versehen halb absäbele und den Schnitt von einem Kollegen – angerauchte Zigarette im Mundwinkel und zusammengekniffenen Augen – verarzten lasse, der das Ganze noch viel schlimmer macht – so, dass ich dann eben doch noch ins Krankenhaus muss, dreckverschmiert, stinkend, und die Krankenschwester sieht mich streng an, aber im Grunde ihres Herzens versteht sie, dass ich ein Draufgänger bin, der sich halb verblutet noch hinters Steuer seiner Corvette geklemmt hat, um in die Notaufnahme zu rollen.

»Hörst du mir zu?«, fragt meine Mutter. »Ich habe schon einen Job für dich. Madame Delachaux freut sich auf deinen Anruf.« Sie drückt mir einen Zettel mit einer Nummer in die Hand.

»Soll ich ihr was reparieren?« Ich habe keine Ahnung vom Reparieren, aber mein Vater hat damals seinen Werkzeugkoffer im Haus gelassen, und ich gehe davon aus, dass ich mich an der Rohrzange nicht als Volltrottel erweisen würde.

»Du sollst auf ihre Kinder aufpassen.«

Da ist er, der Schlag, auf den ich gestern Abend schon gewartet habe.

Es gibt Jobs, und es gibt *Jobs*. Babysitten ist weder das eine noch das andere. Nichts, bei dem man in der Corvette blutend in die Notaufnahme fährt, wie ich annehme. Hoffentlich.

»Du kannst anfangen, wann du willst«, sagt meine Mutter, als sie bereits in der Tür steht, um zur Arbeit zu gehen. »Aber es wäre gut, wenn es bald wäre.«

2 Young Money Cash Money Billionaire

Meine Mutter hat mir gesagt, dass ich mir gar keine Gedanken machen solle. Schließlich hätte ich Kindergärtner-DNS und sei deswegen nicht so leicht aus der Ruhe zu bringen.
»Ich hätte lieber Rennfahrer- oder Börsenmakler-DNS«, entgegne ich.
»Ist dasselbe«, winkt meine Mutter ab und lächelt wissend. »Bedeutet auch nur, dass man einen kühlen Kopf behält.«
Es hat keinen Sinn, mit ihr zu reden, denke ich, während ich das Haus verlasse, und stapfe durch den Schnee ans Ende der Straße, wo Familie Delachaux ein großes Haus mit Doppelgarage und Säulen neben dem Eingang besitzt.
Madame Delachaux schlägt die Beine übereinander und hustet erst einmal ausgiebig. Dabei hält sie entschuldigend die Hand hoch. »Seit Jahren verbringe ich fast jeden zweiten Tag in der Eishalle, bei Juliens Eishockeyspielen.« Sie hustet erneut und steht auf, um sich ein Glas Wasser zu holen.
Mein erster Arbeitstag, denke ich unvermittelt, während ich Madame Delachaux auf ihrem Weg in die Küche beobachte. Sie sieht aus wie ein kranker Vogel. Dünn, hager, abgekämpft. Sie ist sehr groß, hat lange braune Haare. Sie sieht aus, als hätte sie seit Jahren keine Sonne mehr abbekommen. Wie sie da in die Küche schlenkert, scheint es, als könnte sie mit einem Mal einfach so in der Mitte durchbrechen.
Ich sehe mich ein bisschen um.
In dem großen Haus hängen Fotos über Fotos von ihr, ihrem

Mann und den Kindern, auf die ich aufzupassen hätte, in allen Altersstufen. Ausschließlich Porträts vom Fachmann, mit diesem gruseligen Weichzeichnereffekt und dem unbestimmbaren Hintergrund, dessen Farbe ich in hundert Jahren nicht definieren könnte. Porträts einzeln, zu zweit, mal nur die Kinder, mal nur das Ehepaar Delachaux, mal alle zusammen. An den Wänden ist kein freier Platz mehr.

Madame Delachaux kommt zurück und starrt mich gedankenverloren an. Dann ruft sie die Kinder, als wären die ihr gerade wieder eingefallen. »Julien! Catherine! Isabelle!«

Drei Kinder kommen ins Wohnzimmer gerannt. Der Junge ist erst elf, bekomme ich erklärt, aber größer als ich, die Mädchen sind drei und sechs.

Mein erster Arbeitstag.

Madame Delachaux zieht den Mädchen die Winterstiefel an, legt ihnen Schals um, setzt die Mützen auf. Das dauert ziemlich lange und ist sehr langweilig. Ich tröste mich damit, dass ich hier gerade bezahlt werde. Das Babysitting-Taxameter läuft.

Dabei erklärt mir Madame Delachaux, dass ihr Mann als Berater arbeitet und fast nie da ist, dass sie seit drei Jahren – seit der Geburt von Catherine – nicht mehr aus dem Haus gekommen sei. Außer zu Juliens Eishockeyspielen. Und wenn man einmal einen Winter in den Eishallen von Montreal verbracht hat – sie sieht mich dramatisch an, weiß man, was das mit einem anstellt. Sie verdreht die Augen: »Du weißt ja selbst, wie es in so einer Eishalle riecht, und dann die feuchte, schweißnasse Ausrüstung und die Kälte ...« Sie schüttelt den Kopf und verschränkt die Arme. »Bis in den Mai geht die Saison«, sagt sie, »bis tief in den Mai. Jedes Jahr.«

Ich stelle mir vor, wie die Frau in ihrem Wintermantel in der Eishalle steht, im permanenten Frost, eine heisere Frau, die sich über Schiedsrichterentscheidungen aufregt, während alle anderen in Shorts und T-Shirts lachend in Eiscafés sitzen. Die Königin eines kristallenen Imperiums, die November-bis-Mai-Gebieterin über Abseits und Zweilinienpass, eine durch einen unausgesprochenen Fluch in Montreals Eishallen Gebannte.

Und dann stehen wir zu viert im Garten. Julien, Catherine, Isabelle und ich. Es ist ein sonniger Novembertag, jede Menge Schnee ist gefallen und würde bis Anfang April liegen bleiben. Man kann eigentlich nicht viel machen außer Eishockey spielen. Ich bin völlig ratlos, was ich mit den drei Kindern anstellen soll. Niemand hat mir gesagt, was ich zu tun habe. Es gibt in diesem völlig leeren Garten auch nichts. Bis auf nackte Bäume. Und eben Schnee.

Die Mädchen fangen an, einen Schneemann zu bauen. Jedenfalls sieht es so aus, wie sie da eine Schneerolle vor sich her schubsen.

Julien baut sich vor mir auf. »Mein Vater hat letztes Jahr zweihunderttausend Dollar verdient. Nach Steuern. Was verdienst du hier?« Er steht mir gegenüber, Auge in Auge, und fragt sich vermutlich gerade, ob er mir eine reinhauen soll. Der Typ ist elf!

Als ich mich umdrehe, sehe ich, wie Madame Delachaux am Fenster sitzt und raucht. Wie ein Gespenst.

Ich könnte Julien zuerst eine reinhauen, was aber schlecht fürs Business wäre. Du kannst noch so viel Kindergärtner-DNS in dir haben, wenn du einen Elfjährigen schlägst, werden sich die Leute meistens als Erstes daran erinnern.

Außerdem, und das ist das andere, ist er sicher stärker als ich.

»Zehntausend Dollar«, sage ich. »Die Stunde.«

Julien sieht mich mit offenem Mund an.

»Deine Mutter will noch was drauflegen, wenn du zu viele Fragen stellst. Dafür muss sie dann bei deiner Eishockeyausrüstung sparen. Macht Sinn, oder?«

Julien bleibt noch ein bisschen in der Mitte des verschneiten Gartens stehen. Dann fängt er an, eine Schneemannkugel zu rollen.

Es entwickelt sich ein eigentlich ganz entspannter Nachmittag.

Madame Delachaux sitzt weiter am Fenster und raucht. Als die Sonne untergeht, ruft sie ihre Kinder herein. Ich gehe am Haus vorbei auf die Veranda, um mein Skateboard zu holen.

Madame Delachaux tritt aus dem Haus und lächelt. »Das hast du gut gemacht«, schnurrt sie, tatsächlich zufrieden mit mir. »Heute werden sie guuuuut schlafen.«

Ehrlich? Das war gut? *Das* war *gut?* Ich stand zwei Stunden im Schnee herum und habe nichts getan. Meine größte Leistung an diesem Nachmittag war es, nicht von einem Elfjährigen verprügelt zu werden – und das war gut? Ich kann es nicht fassen.

Die hagere Frau öffnet ihr Portemonnaie und raschelt ein paar Scheine heraus. »Ich rufe dich an. Ich brauche jemanden für Dienstagabend und für Freitagabend«, sagt sie und schließt die Tür hinter sich.

Julien winkt mir vom Fenster aus zu. Ich zeige ihm den Mittelfinger.

Ohne Eile gehe ich nach Hause. An meinem ersten Arbeitstag verstehe ich langsam, dass das Resultat zählt. Am Anfang des Nachmittags hatte Madame Delachaux drei Kinder, und jetzt hat sie immer noch drei Kinder, die außerdem richtig müde sind. Die guuuuut schlafen werden, denke ich. Ihr Mann macht was mit Geld, das merkt man. *Resultate.* Da wird ganz anders gedacht.

Ich zähle mein Geld – zwanzig Dollar. Vor Steuern, sage ich zu mir selbst und frage mich, was das bedeutet. Das ist es also, was meine Mutter Tag für Tag bei der Arbeit macht. Zusehen, dass die Kinder nicht sterben. Langweilig, denke ich und laufe nach Hause.

In der Nacht liegen meine zwanzig easy verdienten Dollar auf meinem Nachttisch. *Young Money Cash Money Billionaire.* Ich liege daneben im Bett und überlege.

Es ist seltsam, weil das Resultat meines ersten Arbeitstages – zwanzig Dollar! – zwar großartig ist, der Weg dahin sich aber als unglaublich dröge, sogar unangenehm herausgestellt hat.

Es ist seltsam, weil das Gefühl von Cash in der Hand so unfassbar verlockend ist, aber die Person, die es überreicht, dabei stört.

Es ist seltsam, weil ich jetzt zwar Geld habe, aber es offenbar Menschen wie Juliens Vater gibt, die einfach noch viel mehr davon reinholen. Nur wie?

Ich bin mir nicht sicher, ob meine Mutter die beste Ansprechpartnerin für meine Fragen ist. Vielleicht, denke ich, ist Arbeiten wie Skateboardfahren: Du musst ein paarmal vor allen Leuten die Treppe runterfallen und dir die Rippen prellen, bevor du es draufhast. Vielleicht muss ich nur viel mehr ausprobieren, bevor die Schufterei sich richtig bezahlt macht.

Ich höre, wie es Morgen wird und die Räumfahrzeuge durch die Nachbarschaft fahren.

Eines werde ich von meinem ersten Arbeitstag auf jeden Fall mitnehmen: das Gefühl, in cash bezahlt zu werden. Kühle Dollarscheine in der Hand. Das schmirgelnde Gefühl bedruckten Papiers. Das und die triumphale Gewissheit, von einem Job nach Hause zu gehen, von dem ich weiß, dass ich ihn nie wieder machen werde.

3 Schneller, als er fällt

Auf dem Truck steht MSM, auf der Tür zum Büro steht MSM, auf der Winterjacke des Dicken hinter dem Schreibtisch ist auf Herzhöhe MSM gestickt, und nun streckt der Dicke selbst die Hand aus und keucht: »Ich bin Michel St. Michel, Michel St. Michel Junior, um genau zu sein. Setz dich.«

Michel St. Michel Junior räumt vielleicht nur den Schnee aus deiner Einfahrt, aber er hat ein intuitives Verständnis für Corporate Identity.

Gut, zugegeben: Es ist keine Kreativleistung, sich im Winter in Montreal zum Schneeschippen zu melden. 1) Es liegt Schnee, 2) ich kann nichts anderes, 3) ich werde nie wieder babysitten – fertig. Das ist die Liste, die ich neulich während des Matheunterrichts aufgestellt habe, als ich über meinen nächsten Job nachgedacht habe, ein bisschen Karriereplanung neben Algebra.

Doch erst einmal muss Michel St. Michel Junior davon überzeugt werden, dass ich für sein Schaufelunternehmen der richtige Mann bin.

»Wie alt, sagtest du, bist du?«

»Fünfzehn. Bald sechzehn.«

»Bald in drei Jahren? Sorry, Junge«, sagt er, »aber ich habe schon Kräftigere gesehen.«

Ich will ihm gerade von meinen Schaufelerfahrungen erzählen – seit ich denken kann, mache ich im Winter zu Hause den Weg von der Haustür bis zum Wagen frei, Morgen für Morgen –, als Michel St. Michel Junior sich zurücklehnt und eine Ecke oben im Büro anvisiert. »Eigentlich war ich ganz gut für den Winter aufgestellt. Aber dann haben wir ja François verloren …« Seine Stimme versagt, er schüttelt leicht den Kopf. Was soll ich dazu sagen?

MSM besinnt sich aufs Hier und Jetzt und sagt: »Kannst du morgen Früh zum Probearbeiten kommen?«

»Auf jeden Fall.«

»Schön. Dann sehen wir uns morgen um halb fünf. Schaffst du das?«

»Auf jeden Fall«, sage ich, bin aber gar nicht sicher, ob ich meinen Wecker so früh einstellen kann.

Ich bekomme eine dicke Jacke und ein fledderiges, zusammenkopiertes Handbuch, in dem MSM die Feinheiten des Schaufelns erklärt. Vorne drauf steht: »Schneeservice Michel St. Michel – *wir schaufeln schneller, als er fällt*«.

Im Dezember in Montreal um 4:30 Uhr aufzustehen bedeutet, dass es noch weitere fünf Stunden dunkel sein wird. 4:30 Uhr bedeutet, dass noch allertiefste Nacht ist. Ich laufe durch den Vorort, vorbei an der Tankstelle und dem Supermarkt, stapfe durch den Schnee, bis ich bei Schneeservice Michel St. Michel vor der Tür stehe.

»Hast du dir das Handbuch durchgelesen?«, fragt Junior.

»Von vorne bis hinten«, lüge ich.

MSM zeigt mir die Schaufeln und die Schneefräsen, die in der Garage stehen. Es gibt für alle *Situationen* unterschiedliche Gerätschaften. Er sagt tatsächlich »Situationen«, hat die Augen dabei weit aufgerissen, als würden sich einem unterwegs Schlangen und Terroristen und dreiköpfige Endgegner in den Weg stellen.

Ich sage: »Es ist ja nur Schnee, den ich wegschaufeln muss, oder?«

MSM sieht mich immer noch mit den großen Augen an. Dann geht er kopfschüttelnd zum Truck, als hätte noch nie jemand etwas so Respektloses zu ihm gesagt.

Irgendwie deprimiert es mich, dass wir erst einmal seine eigene Einfahrt freimachen müssen, bevor es losgehen kann.

Der Dicke legt los. Und wie. Er sagt: »Merk dir das: *Wir schaufeln schneller, als er fällt.* Sag das mal.«

»Wir schaufeln schneller, als er fällt«, intoniere ich.

MSM scheint zufrieden, denn er schaufelt einfach weiter.

Ich rechne nach: Bis zum Schulbeginn um 8:30 Uhr müssen wir dreißig Auffahrten freigemacht haben – und ich bin jetzt schon erschöpft von dem bisschen Kehren und Schippen in MSMs Einfahrt. Dieser verdammte Schnee ist *schwer*. Also frage ich: »Kommen eigentlich noch andere Angestellte?«

»Na ja«, sagt MSM leise, »da wir François verloren haben ...« Seine Stimme fasert aus, er räuspert sich. »Aber es kommt noch jemand dazu«, sagt er verständnisvoll.

Ich muss einen ziemlich fertigen Eindruck machen.

»Sei froh, dass der Schnee nicht nass ist, sondern puderig. Das hier ist gar nichts«, lacht er, und ich merke, dass die erste Runde definitiv an MSM Junior geht. Nach Punkten. Eigentlich ist es auch fast gleich ein K. o. Denn es ist fünf Uhr am Morgen, und ich bin bereit, mich jetzt schon für den Rest des Tages ins Bett zu legen.

MSM klettert in den Truck, während ich die Schaufeln und Schippen auf die Ladefläche lege und helfe, die Fräse aufzuladen.

Und dann erscheint er. Der Superstar am Schaufelhimmel, der Nachwuchsgott aus dem eigenen Stall: der Sohn von MSM. *Michel St. Michel III*, steht vorne auf seiner Winterjacke. »Das wird ›der Dritte‹ ausgesprochen«, erklärt mir MSM. Dann nimmt er mich kurz beiseite: Damit alles kurz und knapp, reibungslos und ohne Verwirrung abläuft, soll ich ihn einfach Junior nennen.

»Ihren Sohn?«

»Nein, mich«, sagt Michel St. Michel beziehungsweise Junior, lacht ein zufriedenes Lachen und setzt sich in die Fahrerkabine, um einen ganzen Morgen lang schneller Schnee zu schaufeln, als er fällt.

Der Dritte kommt zu mir herübergelaufen. »Alles klar?«, fragt er, grinst verschlafen und setzt sich die Thermomütze auf, dann steigen wir ein.

Wir schleichen im Schritttempo über die dunkle Straße.

Junior hat auch gleich ein gutes Thema für die ersten Meter unterwegs: seinen Sohn. Der kann nämlich dies, der kann das, nächstes Jahr fährt er zum Jugendhockey runter nach Toronto, in ein spezielles Programm für Begabte, in eine Eishockey-Akademie, in der sie sogar Mathe fördern. »Was es alles gibt«, sagt Junior. Der Dritte sitzt neben mir und starrt auf den Boden.

Wir springen vor einer Einfahrt aus dem Fahrzeug, und ich fange an zu schaufeln – planlos. Es ist zu kalt, um nachzudenken. Außerdem will ich nichts mehr von begabten Kindern hören.

»So nicht«, höre ich Junior aus dem Truck rufen. Er greift sich an den Kopf: »Völlig falsche Schaufel! Handbuch, zweite Seite!« Mir ist das egal, schließlich geht es doch nur darum, Schnee wegzumachen. »Völlig falsche Schaufel *für die Situation*«, ruft Junior, und ich höre kurz auf, drehe mich um. Ich muss ihm ins Gesicht sehen. Ich muss unbedingt sehen, ob er es ernst meint.

Später sitzt Junior am Steuer des Trucks und lässt *die Situation* Revue passieren. Analysiert meine Schwächen beim Schaufeln und meine Laufwege, als wäre er der Coach eines Fußballteams. Wir kommen überein, dass ich für den Anfang bei meiner mitgebrachten Kernkompetenz bleiben soll: den Weg vom Haus des Kunden zur Einfahrt freischaufeln, während Junior mit dem Truck samt Räumschaufel fürs Grobe und der Dritte für die Details am Rand zuständig ist. »Wenn du gut bist, kannst du vielleicht auch einmal die Ränder übernehmen«, macht mir Junior mit ruhiger Stimme Mut.

So fahren wir durch den Vorort. Eine um die Uhrzeit zu der Jahreszeit absolut hoffnungslose Welt. Perma-verpenntes Suburbia. Hier passiert rein gar nichts. Die Leute brauchen eine freie Einfahrt, damit sie rechtzeitig zu ihren langweiligen Jobs kommen, die sie brauchen, damit sie sich ihr verschlafenes Leben im verschlafenen Vorort leisten können. Die müde Schlange, die sich selber in den Schwanz beißt. Aber hier tut sie es bereits satt und vor dem Fernseher liegend.

Auch der frisch gefallene Schnee hilft nicht dabei, das Bild zu verschönern. Frisch gefallener Schnee ist nicht immer ein Zauber. Er kann sich auch anfühlen wie ein Kissen, das einem ins Gesicht gedrückt wird.

Haus Nummer zwei, es geht weiter. Wir treffen auf eine unvorhergesehene Situation: angefrorener, von der Kälte hartgebackener Schnee. Die Hausbesitzer waren im Urlaub, und MSM ist seit zwei Wochen nicht mehr hier gewesen, deswegen muss er kurz aus dem Truck springen und selbst ein paar Details übernehmen.

Ich sehe vom Hauseingang aus den beiden Michel St. Michels zu, wie sie fast synchron mit den Schaufeln gegen den Schnee wüten. Ein beeindruckendes Bild.

Dabei frage ich mich, wer wohl der erste Michel St. Michel war. Der Stammhalter. Das kann kein Mensch gewesen sein. Ich stelle mir vor, wie sich hoch im unbewohnbaren Norden Kanadas ein Elch und ein Eisbär in einem Tage dauernden Kampf miteinander gepaart haben. Dabei muss der erste MSM entstanden sein, das Original.

Ich schippe meinen Gehweg mit der korrekten Schaufel frei und mache, dass ich in den Truck komme, wo die beiden schon mit dampfendem Kaffee warten. Kaffee. Gute Idee.

»Hier«, sagt Junior. »Den hat meine Frau gekocht.« Er gießt mir was in seine Tasse ein, und ich nippe langsam und rieche den dicken Geruch von ehrlichem, öligem Arbeiterkaffee. Ein verdammter Bauchschuss ist das. Ein Stromschlag aus der Tasse.

»Da ist noch etwas«, sagt Junior und sieht mich prüfend vom Fahrersitz aus an: »Meine Frau, Madame St. Michel, ja? Die heißt mit Vornamen *Michelle*. Nur dass du das weißt. Wir sind da ein bisschen eigen«, sagt er und schickt mir einen ernsten Blick rüber.

»Alles klar«, sage ich. Mir doch egal. Ich habe diesen wunderbaren Kaffee im Bauch, trage definitiv die falschen Klamotten, weil meine Skiunterwäsche schon jetzt wie nassgeduscht ist, und bin mit zwei unbestimmbar Irren unterwegs, lange vor Sonnenaufgang. Nur noch achtundzwanzig Einfahrten, dann Schule. Namen sind in einem solchen Moment wirklich nicht entscheidend.

An einem Morgen will Junior mit mir reden, was bedeutet, dass ich noch früher da sein muss als sonst. Meine Mutter ist vor dem Fernseher eingeschlafen, und jetzt bekommt sie mit, wie ich schlaftrunken in aller Herrgottsfrühe durch die Wohnung stolpere. Sie gähnt und fragt, wie spät es ist, sieht mich aus einem Auge an. »Die Nummer von Madame Delachaux hast du noch? Ich meine ja nur. Für alle Fälle.«

Bei Junior im Büro riecht es nach Essen, wie immer. Der Mann sitzt an seinem Schreibtisch, wo er Listen von Häusern vor sich liegen hat und Touren zusammenstellt. Außerdem steht dort, mitten auf dem Tisch, ein altes Faxgerät, das er als Kopierer benutzt, weswegen im ganzen Raum verblichene Fetzen gerollten Thermopapiers hängen und für eine besonders traurige Atmosphäre sorgen.

Junior aber ist alles andere als traurig. »Große Neuigkeiten«, sagt er und schaufelt sich Bacon und Rührei in den Mund und spült das Essen mit ein bisschen Michelle-St.-Michel-Spezialkaffee runter. Die großen Neuigkeiten: Der Dritte hat das Angebot bekommen, ab sofort für irgendein Super-Team unten in Toronto zu spielen. Quasi morgen. Junior schaut mir tief in die Augen: »Könntest du dir vorstellen, das Ganze hier in Vollzeit zu machen?«

»Vollzeit?« Ich versuche, mir den Begriff auszumalen. »Also den ganzen Tag?«

»Den ganzen Tag.«

»Statt Schule?«

»Du bist doch schon fast sechzehn, oder? Da habe ich auch aufgehört.« Junior strahlt und breitet die Arme aus, zeigt auf die Thermopapier-Wände. »Und schau her, was aus mir geworden ist: Geschäftsmann!«

Später schaufle ich neben dem Dritten eine Einfahrt frei und sage: »Dein Vater will, dass ich Vollzeit bei euch arbeite.«

Der Dritte stützt sich auf seine Schaufel und guckt in den Haufen Schnee vor sich. Er überlegt, atmet langsam ein und aus, bläst kleine Atemwolken in den Morgen. Dann sagt er: »Mein Vater spinnt«, und schippt weiter.

Ich nicke. Das deckt sich in etwa mit der Einschätzung, zu der ich gekommen bin. Es ist aber immer sehr wertvoll, mal eine andere Meinung zu hören.

»Weißt du, was mein Vater im Sommer macht? Gar nichts. Der ist depressiv. Manchmal muss er in Behandlung. Dann isst er noch mehr, das sind die Nebenwirkungen von den Medikamenten, die er bekommt. Der fühlt sich nur im Winter wohl.«

Wir sehen dabei zu, wie Junior mit dem Truck die Einfahrt freiräumt. Er schaut zu uns herüber, lächelt und gibt uns das Daumen-hoch-Zeichen.

Der Dritte sagt: »Mann. Ich kann es überhaupt nicht erwarten, von hier wegzukommen.«

Ein interessantes Nebenprodukt meiner Arbeit bei Schneeservice Michel St. Michel: Ich finde neue Freunde. Damit meine ich nicht etwa Leute, die ich auf meinen Schaufelausflügen treffe, sondern Menschen aus meiner Klasse in der Schule, die ich schon seit Jahren kenne.

Die Sache ist die, dass meine Mutter und ich gerade das erleben, was sie »eine schwierige Zeit durchmachen« nennt. Die Bank hat meiner Mutter den Wagen weggenommen, und wir suchen eine Wohnung in der Stadt. Ich weiß, dass meine Mutter auf unser

Häuschen im Vorort sehr stolz ist, und es tut mir leid, dass ich ihr nicht mehr dabei helfen kann, es zu halten. Sie besorgt stets frische Blumen, und jetzt sollen wir ausziehen, in irgendeine praktisch gelegene Bude an der Auffahrt zum Highway.

Ich mache keine Hausaufgaben mehr, weil ich mich gerade voll und ganz auf meine Karriere bei MSM konzentriere, die mich Ende Januar im tiefsten Winter ziemlich fordert. In der Schule kommen immer mehr Leute auf mich zu und fragen mich, ob ich hier oder da mitmachen will, und laden mich auf Partys ein, auf die ich vorher nicht eingeladen war. Eigentlich bin ich ein zutiefst unspektakulärer Typ, und das Ganze kommt mir mehr als seltsam vor. Ich frage meinen Freund Mark, was das soll.

Mark erklärt mir, dass ich interessant wirke, weil ich wie der Tod aussehe.

»Sehe ich so kaputt aus?«

»Du siehst schlimmer aus als die Jungs, die beim Shopping Center Klebstoff schnüffeln.«

Ich gehe erst mal auf Toilette und blicke lange prüfend in den Spiegel, merke, dass ich aussehe, wie ich mir einen Vierzigjährigen vorstelle. Tiefe Augenränder, unausgeschlafen, die Haare so verwuschelt, als wäre ich gerade aus dem Bett gestiegen. Die Arbeit bei MSM vor der Schule und der Umzug, den ich mit meiner Mutter nach der Schule vorbereiten muss, sind dafür verantwortlich, dass ich kaum noch meine acht Stunden Schlaf bekomme.

»Die denken, du hättest Kontakte zu Dealern«, sagt Mark. »Die denken alle, du könntest an alles rankommen. Außerdem lädst du die ganze Zeit Leute zu Cola und Eis ein. Du hast Cash in der Tasche.«

»Mann, ich schaufle doch nur Schnee. Schneller, als er fällt.«

»Willst du, dass sie das wissen?«

»Bist du verrückt? Auf gar keinen Fall.«

Ich lade die Leute noch öfter ein und versuche, noch kaputter auszusehen, was sich als schwierig herausstellt, mit ein paar extra Tassen von Michelle St. Michels Superkaffee dann aber machbar ist. Als Cristina aus dem Basketballteam mir eines Tages während der großen Pause auf die Jungstoilette folgt, nehme ich das einfach so hin. Warum sich groß wundern oder hinterfragen? Läuft doch alles gut.

Und das alles, weil ich etwas habe, wovon die anderen aus meiner Klasse im Vorort nicht einmal die geringste Vorstellung haben: einen richtig beschissenen Job.

Im März ist dann aber alles vorbei. Im März wird man in Montreal ein kleines bisschen geisteskrank, weil der Winter nicht locker lässt und einfach noch einmal einen Meter Schnee und Klirrkälte schickt, nachdem er bereits einen Sonnenstriptease veranstaltet hat.

Das ist nicht der einzige Grund, warum ich zu Junior ins Büro gehe, um ihm zu sagen, dass ich kündigen muss. Meine Mutter hat von der Schule einen Brief in die neue Wohnung am Stadtrand geschickt bekommen, in dem steht, dass meine Versetzung massiv gefährdet sei. Zudem stand da etwas von Verdacht auf Drogenkonsum, und meine Mutter musste in die Schule gehen und sich anhören, dass Lehrer mich als Dealer verdächtigen, und es dauerte ein paar Tage und einen erfolgreich absolvierten Urintest beim Hausarzt, bis ich meiner Mutter gegenüber den Verdacht ausräumen konnte. Wir kamen überein, dass ich den Job erst einmal aufgeben und mich auf die Versetzung in die zehnte Klasse konzentrieren sollte.

Vergnügt sitzt Junior vor seinem Faxgerät und isst ein Stück Kuchen. Es ist Nachmittag und schon wieder fast dunkel, am Morgen ist frischer Schnee gefallen. In einer Ecke des Büros sitzt ein lediger Typ, sonnenverbrannt, der mir freundlich zunickt.

Ich fange also an, dem Dicken zu erklären, dass es nichts mit der Karriere bei MSM wird, und er nickt verständnisvoll. »Ich will dir da nicht im Weg stehen. Man muss machen, was man machen muss«, sagt er, reicht mir die Hand, und mit einem Mal vermisse ich das alles schon: das frühe Aufstehen. Die schlechte Luft im Truck. Den gefährlichen Kaffee. Mir von dem Dritten erzählen zu lassen, warum sein Vater spinnt.

Junior schüttelt mir die Hand und zeigt auf den Ledrigen in der Ecke. »Das ist übrigens François.«

Der Verlorene. Jetzt auferstanden inmitten Juniors Thermopapier, in der Bacon-und-Rührei-Kathedrale, wiederbelebt und unsterblich gemacht von Madame St. Michels Wunderkaffee. Ich sehe Junior an, dessen rotes Gesicht glücklich strahlt.

François meckert sich ein Lachen aus dem Hals und sagt, dass er den Winter mittlerweile in Florida verbringt, eben erst wieder zurückgekehrt sei, »und zack, ein Meter Schnee«, sagt er und schüttelt den Kopf. »Ich bin viel zu alt für den Scheiß.«

»Ich verstehe«, sage ich und meine es ernst. Zwischen uns liegen viele Jahre, aber uns eint, dass wir Monate am Stück schneller geschaufelt haben, als er fällt.

Auf dem Heimweg denke ich, dass das alles sehr leicht ging. Schmerzlos. Einer arbeitet, bis er nicht mehr will, dann arbeitet ein anderer für ihn weiter. So eine Geschäftsbeziehung ist eigentlich praktisch. Ein gutes Gefühl, denke ich und starre aus dem Bus in den frisch gefallenen Schnee, dass jeder so schnell ersetzbar ist.

4 Bahama-Beige

Jim blinzelt in die Sonne und fischt eine Camel aus der Brusttasche seines Hawaiihemds. Ich kenne die Bewegung mittlerweile gut – ich weiß, dass er gleich etwas sagen wird, und ich weiß auch, was er sagen wird.

Er öffnet den Mund und sagt das, was er immer sagt, wenn ihm etwas eingefallen ist, das er mir auftragen kann: »Ich habe mir da was überlegt«, und im nächsten Moment äußert er die Überlegung, dass ich diese oder jene Stangen von einem Ende des Motelgeländes zum anderen tragen könnte oder dass die Rasenkanten am Parkplatz getrimmt werden könnten, und mittlerweile kriege ich das kalte Grauen, sobald er in die Sonne blinzelt und sich auf seinen Satz vorbereitet.

Normalerweise würde mir das gar nichts ausmachen. Ich erledige gern Sachen für Jim. Es ist eine gute Arbeit für einen, der demnächst sechzehn wird und gerade Sommerferien hat, es macht mir Spaß, das Gelände auf Vordermann zu bringen.

Es macht mich andererseits jedoch ziemlich fertig, dass ich schon seit drei Wochen in Jims Motel arbeite und noch keine einzige nackte Frau gesehen habe. Und das, obwohl der ganze Vorort weiß, dass in Jims Motel heimlich Pornos gedreht werden.

Vor drei Wochen haben die Ferien angefangen, und ich wollte meiner Mutter gar nicht erst die Gelegenheit geben, mich an unsere Vereinbarung zu erinnern. Warum ich im Winter bei Michel St. Michel aufgehört habe, konnte sie nachvollziehen. Wir haben zwar nie darüber gesprochen, aber es war auch ihr Wunsch gewesen. Doch jetzt war das Wetter gut, ich hatte Zeit ohne Ende, und eigentlich wollte ich unbedingt Geld verdienen, wollte wieder das Gerascheln der Scheine in der Hand hören. Echtes Cash. Und ich wollte auf keinen Fall wieder den Hinweis hören, dass eine Familie in der Gegend einen Babysitter gebrauchen kann.

Jeder im Vorort kennt Jims Motel. Wir selber wohnen zwar nicht mehr dort, aber alle meine Skateboardfreunde. Jims Motel war, als es noch leer und halbverfallen in der Gegend stand, ein beliebter Treffpunkt. Es liegt an der Hauptstraße, und direkt vor dem Gebäude ist eine Bushaltestelle. Draußen hängt ein großes Schild, das auch in der Nacht beleuchtet ist: *Jim's Motel – Le Motel de Jim*. Doch es gab nie Gäste. Du musst schon irre oder blind oder beides sein, wenn du im Vorort einen Schlafplatz suchst. Schließlich ist Montreal mit seinen tausend Übernachtungsmöglichkeiten keine zehn Kilometer entfernt. Der Parkplatz des Motels ist immer leer, und trotzdem macht Jim den Laden nicht dicht.

Wenn du Jim gegenüberstehst, verstehst du, warum die Leute denken, dass er sein Geld mit Schmutz verdient. Der Mann hat nach hinten gegelte Haare. Er trägt Hawaiihemden, hat mehrere davon im Schrank hängen. Dazu Shorts, immer Shorts. Er kann höchstens fünfunddreißig sein, steht aber schon gebeugt wie ein alter Mann. Außerdem ist er vor einem Jahr einfach so in den Ort gekommen und hat das leerstehende, termitenzerfressene Motel gekauft. Niemand weiß, woher er kommt oder was er vorher gemacht hat, er wurde uns einfach so geschickt, ist wie Superman auf die Erde gefallen, und wir müssen uns alles selber zusammenreimen. Meist steht er nur auf dem leeren Parkplatz, hat die Fäuste in die Seiten gestemmt und betrachtet sein Anwesen wie ein Tourist, der zum ersten Mal die Berge sieht. Im Office-Gebäude arbeitet Sara für ihn, ein blondes Mädchen Anfang 20 in übertrieben bunten, engen Batiktops, das den ganzen Tag lang nur in den Fernseher guckt und sonst gar nichts macht.

Irgendeiner aus dem Ort will »Kameras und so Equipment« gesehen haben, die ein stiernackiger Typ nachts aus einem Van geholt hat, und so war allen mit einem Schlag klar, dass Jim seine Motelzimmer für Bumsfilmproduktionen vermietet.

Keine Frage, dass so einer für mich einen Job hätte.

Jim blinzelt in die Sonne und sagt: »Ich habe mir da was überlegt«, und führt mich in den kleinen Verschlag am hinteren Ende des Geländes. Er rüttelt an der Tür, bis sie nachgibt. »Hast du schon einmal gestrichen?«

»Nein.«

Er denkt nach. »Gut. Ich habe mir überlegt, dass das Motel einen neuen Anstrich gebrauchen könnte.«

Jim holt einen Eimer Farbe aus dem Verhau, stellt ihn auf den Parkplatz und hebt den Deckel mit einem Messer an. Wir schauen gemeinsam in den Eimer, den der Vorbesitzer zurückgelassen haben muss. Ein cremiges, schweres Weiß, das das Sonnenlicht reflektiert.

Jim liest laut vor, was auf dem Deckel steht: »*Bahama-Beige. Deckfarbe. Leicht entzündlich. Von Kindern fernhalten.*« Jim tritt seine Camel aus. »Was denkst du?«

»Sieht super aus.«

»Edel, oder? Bahama-Beige«, betont Jim andächtig die Silben.

Wir lassen beide den Blick über die einzelnen Häuschen der Motelanlage schweifen. Schon bald würden sie in einem ganz neuen, edlen Farbglanz erstrahlen. Niemand würde mehr den Weg nach Montreal machen müssen, um dort zu übernachten. Wozu auch? Wenn es hier doch alles gibt, was man sich vorstellen kann. Parkplätze ohne Ende, freundlichen Service (Sara), freundliche Geschäftsleitung (Jim), kompetenten Hausmeisterservice (ich) – dazu die unausgesprochene Möglichkeit, eine Nacht in unmittelbarer Nähe zu internationalen Stars aus dem Filmgeschäft zu verbringen. *Le Motel de Jim* würde bald eine massive Aufwertung erfahren.

Jim steigt in seinen alten schwarzen Buick, um noch mehr Farbtöpfe sowie Pinsel in verschiedenen Größen zu kaufen, und ich setze mich zu Sara ins Office, die eine Game Show guckt.

»Macht dir das Spaß, hier zu arbeiten?«, fragt sie nach einer halben Stunde.

»Ja«, sage ich.

Sara nickt. Es vergehen weitere zehn Minuten. Dann sagt sie: »Das ist gut. Das ist wichtig.«

Jim kommt auf den Parkplatz gefahren und lädt die Eimer aus. Sara und ich beobachten ihn dabei, wie er erst im Kofferraum wühlt, sich dann eine Zigarette anzündet und lange die Häuschen betrachtet.

»Was verdienst du hier?«, fragt Sara.

Damit trifft sie einen wunden Punkt. Ich arbeite zwar schon seit drei Wochen hier, aber darüber hinaus, dass ich noch keine nackte Frau gesehen habe, hat mir Jim auch noch keinen Cent bezahlt. Wir sind irgendwie nie dazu gekommen, das Thema anzuschneiden.

Sara legt ihre Hand auf meine Schulter: »Lass dir das Geld von Jim vorab geben. Das ist nur so ein Tipp. Der ist manchmal ein bisschen vergesslich.«

Jim steht in der Tür zum Office, einen Pinsel in der Hand, und sieht ungewohnt begeistert aus. Er dreht den Kopf zur Sonne und zieht sich eine neue Camel aus der Tasche. »Ich hab mir was überlegt. Am besten, du fängst mit Häuschen Nummer vier an.«

Es ist Mitte Juli, bestes Wetter, und ich stehe in der Nachmittagssonne auf einer Holzleiter, benebelt von den Dämpfen, die der x-te Eimer Bahama-Beige mir ins Hirn wabert.

Seit zwei Wochen streiche ich *Le Motel de Jim* – und es ist klar:

Sobald die Ferien vorbei sind und Zahltag ist, werde ich ein gemachter Mann sein. Das Klimpern einer Registrierkasse schießt mir ins Hirn, und ich frage mich, ob es nicht an der Zeit wäre, den Deckel mal wieder auf den Eimer zu machen und frische Luft zu schnappen.

Am letzten Tag der Ferien werde ich mit einer Tasche voll Asche hier rausgehen, auf der Tasche wird stehen: $$$ *Fette Beute* $$$. Streichen, Rasenmähen, kleinere Arbeiten für Jim erledigen, Schokoriegel und Energydrinks holen für Sara, die noch immer den ganzen Tag lang im Office vor dem TV sitzt und das Gebäude nur verlässt, wenn im Fernsehen Nachrichten kommen oder um zu rauchen – damit habe ich mir mein Geld in den letzten Wochen erarbeitet.

Ich habe Pinsel in allen Größen in den Händen gehalten: die großen, breiten, borstigen für Säulen und Türen, Holzverkleidungen und Dachkanten und kleine mit feineren Haaren besetzte Pinsel für die Details: Fensterrahmen und kleine, sinnlos komplizierte Intarsienarbeiten, die ich nie bemerkt hätte, wenn ich sie nicht hätte streichen müssen.

Nachts träume ich von Bahama-Beige. Ich habe diese irren Träume, in denen nichts passiert, in denen sich nur dieses schwere weiße Tuch über mich legt und ich am nächsten Morgen wieder aufstehe, mir die Nikes schnüre und mit dem Skateboard zu Jims Motel gehe, um die Häuschen zu streichen.

Wenn ich am Abend die Pinsel auswasche und die dicke, weiße Soße ins Becken rinnen sehe, beginne ich zu zittern, und nur der Gedanke an eine Tasche mit dem Aufdruck $$$ *Fette Beute* $$$ kann verhindern, dass ich mich gleich übergebe.

Ich stehe also mit meinem Farbtopf auf der Leiter an Häuschen Nummer elf und unterdrücke meine Bahama-Beige-Übelkeit, als ich es höre: Stöhnen. Deutlich vernehmbares Stöhnen. Es ist definitiv Stöhnen. Ein Mensch macht so ein Geräusch. Wenn es ihm nicht gut geht. Hey, denke ich, oder wenn es ihm besonders gut geht. Und es kommt aus dem Häuschen, das ich streiche.

Das Seltsame ist: Die ganze Zeit habe ich darauf gewartet zu sehen, was hier wirklich Sache ist, und jetzt finde ich es plötzlich nicht mehr interessant. Ich will auf einmal gar nicht mehr wissen, was in Jims Motel passiert, wenn ich nachts nicht dort bin.

Andererseits war das einer der Gründe, warum ich mir das Ganze überhaupt angetan habe: der Blick auf etwas Verbotenes, auf etwas, wovon ich keine Ahnung habe.

Ich weiß, dass ich da jetzt wie ein Soldat durchmuss. Was soll ich Mark und den anderen erzählen? Dass ich die Chance hatte, aber darauf verzichtet habe?

Ich linse um die Ecke, um zu sehen, ob da der Van eines Pornoteams vor dem Häuschen steht, sehe aber nur einen Kombi. Am Heck Aufkleber: *Lake Placid. Visit Buffalo. Niagara Falls.*

Normale Touristen also. Jim hat es geschafft, normale Menschen zu einem Aufenthalt in seinem Motel zu bewegen, was sicherlich auch mit der neuen, hellen luxuriöseren Farbgestaltung des Anwesens zu tun hat. Ich bin ein bisschen stolz auf mich. So stolz, dass ich glaube, mir einen Blick durchs Fenster erlauben zu dürfen. Ich stehe auf der Leiter und werfe einen schnellen Blick durch das Fenster – die Gardinen sind nicht zugezogen. Und da ist es, das Bild, auf das ich wochenlang gewartet habe: Alle Möbel im Häuschen sind zur Seite geräumt. Der leichte Holzstuhl auf dem Tischchen. Der Nachttisch auf das Bett gelegt. Das Bett an die Wand neben der Toilettentür geschoben. Viel Platz in der Mitte.

In der Mitte des Raumes befindet sich ein Mann, der sich sehr schlimm verrenkt. Ein langer, dünner Typ. Er trägt eine kurze Badehose, sonst nichts. Er hat einen Schnurrbart und eine Glatze. Der Mann liegt auf dem Boden und stöhnt: »Ooooooh«, macht er, die Augen fest verschlossen. Er liegt auf dem Rücken. Er zieht ein Bein an seine Brust: »Aaaaaaaah«, ruft er.

Das alles ist auf eine Weise verstörend, die alle meine Befürchtungen toppt. Ich hatte Nackte erwartet, das schon, aber nicht das. Ich muss mich erst einmal setzen.

Nach ein paar Minuten schaffe ich es, zu Sara ins Office zu laufen, und lasse mich auf einen Stuhl fallen. Ich beobachte sie beim Fernsehen, wie sie mit leicht geöffnetem Mund die Sätze im Nachmittagsprogramm mitspricht, ein Anwalt besucht einen kriminellen Jugendlichen und redet ihm ins Gewissen. Der Anblick ist wunderbar friedlich. Dann zeige ich über den Parkplatz auf das Häuschen mit dem Stöhner und frage: »Was zur Hölle habe ich da gerade gesehen?«

»Das ist Fred«, sagt Sara, als würde das alles erklären.

»Fred?«

»Fred kommt hierher, um Yoga zu machen. Zu Hause findet er nicht die Ruhe. Zu viel Ablenkung.« Sie sagt das, als könnte sie es nachfühlen.

Ich fühle mich, als hätte sich jemand über mich lustig gemacht. Als hätte man das für mich inszeniert, um mich zu verarschen. Als wäre Fred ein alter Kumpel von Jim, dem Jim gesagt hat: *Hey, Fred. Pass auf. Ich hab da diesen Sechzehnjährigen, der unbedingt was Nacktes sehen will, und ich hab mir da was überlegt.*

Was für ein Tag. Ich gehe zurück zu meiner Leiter und denke nach. Vielleicht ist das so mit Sex: Erst willst du ihn unbedingt, dann merkst du, dass du ihn gar nicht brauchst. Das denke ich, während ich eine neue Dose Bahama-Beige aufreiße und erst die Nase in den satten Dampf halte, dann den Pinsel behutsam hineinstippe. Und am Ende bekommst du nur einen nackten Typen mit Schnurrbart.

Doch das ist noch längst nicht alles. Jims Business-Birne rattert immer weiter. Der Mann gibt sich nicht damit zufrieden, ein unsichtbar operierendes Schmutzfilmimperium und ein schlecht gehendes Motel zu leiten und mit Sara und mir über zwei Angestellte zu verfügen, die diverse Sachen für ihn erledigen. Beweis? Er kommt zu dem Häuschen, das ich gerade für ihn streiche, blinzelt in die Sonne und sagt: »Ich habe mir da was überlegt.«

»Was?«

»Hast du schon einmal geschossen? Ein Gewehr in der Hand gehabt?«

»Nein.«

»Super«, sagt er. »Pass auf.«

Er geht weg, holt sich von Sara die Schlüssel für seinen Buick und fährt vor. »Steig ein.«

Wir fahren auf den Highway 15 nach Norden, eine Stunde aus der Stadt heraus. Grüne Berge, die im Winter Skihänge sind. Jetzt, im Sommer, spielt sich alles im Tal ab: Seen. Kleine Häuser aus dem Musterhauskatalog am Highway, wo Familien sich auf ein Wochenende voller Golf und Arschbomben vorbereiten. Daneben Immobilienhändler, die noch mehr Musterhäuser ausstellen, Pool-Installateure, die ihre leeren Fertig-Pool-Wannen aus Fiberglas senkrecht an den Highway gekippt haben. Weiter im Norden eine riesige Fläche, pures *Land*. Einzelne dunkle Tannenwälder, die Schatten spenden und mitten im Sommer sofort für das Gefühl von Herbst sorgen.

So ist es immer: Du fährst ein paar Kilometer aus Montreal raus nach Norden, und schon fragst du dich automatisch, ob du an Kompass, Streichhölzer und Machete gedacht hast.

Ich höre mir Jims Geschäftsidee an – eine ziemlich komplizierte Sache. Er hält einen langen Monolog, in dem er sogar das Wort Weltwirtschaftskrise unterbringt. Ich warte darauf, dass er endlich zu der Stelle kommt, an der ich schießen soll.

Die Idee ist folgende: Jim kauft einen Golfplatz und lässt ihn verwildern. Damit macht er Geld, »so nebenbei, quasi passives Einkommen. Pass auf«.

Er erklärt es beim Fahren ganz ruhig und zündet sich dabei immer wieder eine Camel an.

Jim erzählt, dass in den Achtzigern wie irre Golfplätze in der Region um Montreal angelegt worden seien. Die Zukunft, sie schien rosig. Dann ging der ganze Scheiß den Bach runter (Jims Worte), und keiner wollte sich mehr die teuren Mitgliedsgebühren, die Ausgaben für die Ausrüstung und das ganze Affentheater antun, wenn er erst mal Brot auf den Tisch bringen musste, wenn er sich nicht ganz sicher war, ob er auch am nächsten Tag noch bei der Bank mit den Füßen auf dem Schreibtisch im Office protzen konnte. Jim sagt, dass die Golfplätze im Norden von Montreal nach und nach dicht machten und auf Käufer oder Investoren warteten. Vergeblich. Die Golfplatzbesitzer warteten so lange, bis Typen wie Jim mit ein paar Tausend Dollar in den Shorts vorbeischauten, die Sonnenbrille in die Haare schoben und den verzweifelten Besitzern ein bisschen Bargeld in die Hand drückten.

»So weit alles klar?«, fragt Jim.

Ich nicke. Alles klar bislang. Jim gehört demnach mindestens ein Golfplatz.

»Gut«, sagt er und schiebt sich die Sonnenbrille auf die Nase, »denn jetzt wird es richtig gut.«

Was folgt, ist der Streit mit den Kommunen. Denn die Leute, deren Anwesen an den Golfplatz grenzen, wollen auf keinen Fall, dass jemand das Grün mit Supermärkten oder Bowlinghallen, Mehrfamilienhäusern oder Grundschulen zubaut. »Denen geht die Pumpe auf 180, wenn sie daran denken, dass ihre Grundstücke von einem Tag auf den anderen nicht mehr an einem Golfplatz liegen, sondern neben einem Heim für schwer erziehbare Kinder.« Jim lacht. »Nun habe ich also einen Golfplatz, kann aber nichts damit anfangen – außer darauf zu hoffen, dass die Weltwirtschaftskrise vorbeigeht und die Leute wieder Golf spielen. Die Kommunen wollen die Plätze bebauen, aber die Anwohner wehren sich dagegen wie irre.

Und das sind alles Wähler. Also muss ich nachhelfen. Das heißt, du musst nachhelfen.«

»Aber was hat das mit mir zu tun? Was hat das mit Schießen zu tun?«

»Wenn ein Golfplatz verwildert, ist das eine ziemlich deprimierende Sache«, sagt Jim. »Zuerst kommen die Waschbären. Dann«, er lächelt, »weißt du, was dann kommt?«

»Keine Ahnung.«

»Schlangen, Mann, Schlangen!« Jim haut vor Begeisterung aufs Lenkrad. »Schlangen! Die sind total ungefährlich, aber wenn die jungen Eltern von den angrenzenden Anwesen Schlangen in ihren Gärten sehen, dann ist es vorbei. Dann beknien sie die Kommune, dass jemand den Bebauungsvertrag für den Platz unterschreibt. Damit schnell jemand billige Häuser darauf zusammenkloppt und Neureiche oder eben auch Problemkinder reinholt. Hauptsache, keine Schlangen mehr.«

»Ich soll die Schlangen abknallen?«

»Quatsch. Viel besser: Menschen«, sagt Jim.

»Menschen?«

»Die Geschichte ist ein bisschen verwirrend«, gibt er zu. Dann erklärt er, dass Naturschützer sofort auf den Plan gerufen werden, wenn so ein hawaiihemdtragender Typ wie Jim plötzlich Eigentümer eines Golfclubs wird. Die verstehen natürlich, dass der schön verwilderte Golfplatz für Jim bloß ein totes Investment-Vehikel ist. Dass dort, wenn sie nicht aufpassen, bald ein paar Einfamilienhäuser mit Doppelgaragen entstehen oder ähnliches Kommerzgedöns.

»Die Naturschützer räumen dort auf?«

»Die Naturschützer mähen den Rasen und sorgen dafür, dass alles schick und akkurat aussieht. Sehen zu, dass keine Waschbären und keine Schlangen auf dem Platz sind. Stranger Scheiß, das alles, was?«

»Und was muss ich machen?«

»Nur ein bisschen in die Luft schießen, wenn jemand mit dem Rasenmäher oder mit der Heckenschere ankommt. Du hast doch jetzt Ferien, oder?«

Selbst wenn ich keine gehabt hätte, wäre ich bereit gewesen, mich mit dem Gewehr auf den Golfplatz zu stellen. Sofort.

Wir fahren die Auffahrt zum Clubhaus hoch. Von Weitem sieht die Anlage gepflegt aus, weißes Tor, ein paar bunte Pflanzen, aber das ist eben unten, in Straßennähe. Schon die Veranda zeigt Spuren von fortgeschrittenem Verfall: abgeplatzte Farbe, zerbrochene Scheiben, eine Holztreppe, der eine Stufe fehlt.

Jim sagt: »Könnte mal gestrichen werden, was?«

»Vergiss es«, sage ich und meine es todernst. Keine Farbe mehr für den Rest meines Lebens.

»Denkst du, du schaffst das hier? Für ein paar Wochen die Stellung halten? Bis die Anwohner ausflippen und ich das Ding verkaufen kann?«

»Ich soll hier warten, bis die Schlangen kommen?«

»Die sind total ungefährlich«, sagt Jim.

»Ich soll die Naturschützer verjagen, die verhindern wollen, dass hier Schlangen ihr Zelt aufschlagen?«

»Die begehen Hausfriedensbruch«, sagt Jim. »Rechtlich gesehen sind wir fein raus. Du vertreibst Eindringlinge. Menschen, die hier rein rechtlich gesehen nichts zu suchen haben. Das ist mein Grundstück.« Dann blinzelt er wieder in die Sonne. »Aber ich hab mir da was überlegt. Pass auf: Du kannst nicht einfach auf alles und jeden ballern, der hier rumläuft. Denn manchmal kommen auf verwildernden Golfplätzen auch Junkies oder Spinner zusammen und wollen den Rest der Einrichtung aus dem Clubhaus reißen, wollen nachschauen, ob in den Decken und Wänden noch Kupferdraht hängt, den sie beim Schrotti verhökern können. Eso-Spinner versuchen hier manchmal, den Spuren von Geistern nachzuspüren, behaupten, dass es in der Nähe einen Indianerfriedhof gab und zünden ein Feuer an. Was ich sagen will: Die können bleiben. Die sind gut fürs Geschäft. Auf die schießt du auf gar keinen Fall.«

»Ich soll mit denen rumhängen?«

»Was du mit denen machst, ist mir völlig egal. Aber es kann nicht schaden, wenn die Nachbarn ab und zu mal so einen zu Gesicht bekommen.«

Junkies und Schlangen. Das werden die absolut besten Ferien meines Lebens.

Wir stehen auf der Veranda und blicken von dort aus auf die Anlage, die schon ziemlich wild aussieht. Schilf, hohes Gras, in der Ferne liegt ein umgekippter Golfcart.

Jim schlägt plötzlich einen feierlichen Ton an: »Gott wollte, dass ich Golfplätze verwildern lasse.« Er scheint angestrengt nachzudenken. Er schwitzt. Dann flüstert er: »Eigentlich kann ich gar nichts anderes. Das ist es, was ich richtig gut draufhabe. Das hier«, sagt Jim und tritt gegen eine hochgewachsene Distel, »wird nie wieder ein Golfplatz werden. Nie wieder.« Als hätte ihm Moses diesen Satz per Steintafel vom Berg hinuntergetragen.

Wir stehen noch einen Moment zusammen und beobachten, wie die Sonne hinter einem Waldstück untergeht.

»Aber erst mal wirst du das Motel zu Ende streichen«, sagt Jim und zündet sich eine Camel an.

Fuck. Streichen. Ich hatte gehofft, er hätte das vergessen. Jim sitzt schon wieder am Steuer seines Wagens und öffnet mir die Tür. Er blickt zum Abschied noch einmal über das Gelände, dann fährt er los. Nach ein paar Minuten zündet er sich eine neue Zigarette an.

»Jedenfalls weißt du jetzt schon mal Bescheid. Das ist der Plan. Kann nicht schaden. Das Gewehr gibt dir dann Sara.«

Es ist Ende August, und ich habe noch keinen einzigen Naturschützer gesehen. Ich habe auch noch keine Schlange gesehen, was mir jedoch nicht ungelegen kommt. Ich habe einen Stapel *MAD-*

Magazine dabei, außerdem eine ganze Palette Pepsi Light. Dies ist ein ziemlich lässiges Ferienlager. Ohne Betreuer, ohne festes Programm, ohne andere Teilnehmer, dafür mit Gewehr. Die Nächte verbringe ich mit meinem Schlafsack auf der alten, superweichen Couch im Foyer des Clubhauses. Ich warte darauf, dass Junkies oder Eso-Spinner kommen, um mir die Couch unter dem Hintern wegzuklauen, aber es passiert nichts. Zum Glück. Ehrlich gesagt wüsste ich nämlich nicht, was ich tun würde, wenn tatsächlich jemand käme. Ich habe zwar von Sara eine Einweisung in das Gewehr, das alte, rostige, zweiläufige Ding bekommen. Aber ich war dabei viel zu beschäftigt damit, sie dabei anzustarren, wie sie mit einer Zigarette im Mund die Patronen in das Magazin schob, durchlud und dann sachte den Schaft an die Wange legte und auf den Fernseher an der Rezeption zielte, wo ein Anwalt gerade einem Jugendstraftäter das Konzept von Loyalität und Ehre vorlebte. *Pow,* flüsterte sie und stieß Rauch aus der Nase, *Pow.* Sie sah mich an. Dann knickte sie das Gewehr auf und holte die Patronen aus dem Lauf, wischte ihre ölige Hand an ihrem engen, bunten Top ab. »Jetzt du«, sagte sie, und es kam mir so vor, als wäre ich gerade nach einer Ewigkeit aus dem tiefen Sprungbereich des Freibads aufgetaucht.

Jetzt liegt das Gewehr unter der Couch im Golfclub. Ich hoffe, dass ich es nicht mehr anfassen muss.

Am ersten Tag bin ich damit gleich auf die Veranda gegangen und habe auf das umgekippte Golfcart am Bunker gezielt. Ich habe einen Schuss abgegeben, der durch die Stille krachte und von dem ich annahm, das er mir das Gesicht zerreißt, angefangen am Trommelfell. Außerdem lag ich gleich auf dem Rücken. Ich konnte mich daran erinnern, dass Sara etwas von Rückstoß erzählt hatte, aber ich war zu sehr damit beschäftigt, mir die lang gezogenen Ölflecken in Fingerform auf Saras Top anzusehen. Ich lag auf dem Rücken und sah in den Himmel im Norden, mit seinen großen, hohen, sehr weißen Wolken, die wie freundliche Riesen nach unten grüßten und schnell vorbeizogen. Mein Gesicht brannte. Suuuuuper, dachte ich, und Madame Delachaux fiel mir wieder ein: Heute Nacht werde ich guuuuut schlafen. Ich wusste, dass ich das Gewehr nie wieder anfassen würde. Ich ging zum Haus zurück und sah die Auffahrt zur Straße hinunter, auf der nie ein Auto vorbeikam. Die Vorstellung, dass sich für den Rest des Sommers ein Unbefugter in den verwilderten Zaubergarten verirrte, erschien mir schon am ersten Tag unwahrscheinlich. Ich sah meinen Stapel *MAD*-Hefte, die ich im Rucksack mitgebracht hatte. Ich sah durch die Halle zurück auf das Golfgelände, auf dem ich eben noch gelegen hatte. Ich dachte an Schlangen, daran, dass da eben noch ein Schuss hallte, gleich darauf aber wieder enorme, wattige Stille herrschte, als wäre nichts passiert. Ich wusste in dem Moment, dass ich keinen Schritt mehr auf den Platz machen würde.

Jim hat mir zweihundert Dollar Taschengeld dagelassen, von denen ich mir jeden Tag an der örtlichen Tankstelle etwas zu essen kaufe. Der alte Mann hinter dem Tresen versucht mich anfangs noch für sein Nachwuchs-Football-Team zu gewinnen, aber nach ein paar Tagen gibt er auf, was damit zusammenhängen könnte, dass er sieht, wovon ich mich ernähre.

So vergeht eine Woche, und nichts passiert. Gar nichts. Es ist genau die Art von Arbeit, die ich mir nach der Schufterei in Jims Motel verdient habe, denke ich. So könnte es bis in alle Ewigkeit weitergehen – und genau das wäre beinahe passiert.

Sara fährt mit Jims schwarzem Buick vor, Zigarette im Mundwinkel, Sonnenbrille, großer Hut, den sie nach hinten in den Nacken gekippt hat. Ich sehe sie von meiner Position auf der Veranda, *MAD* in der einen, Pepsi Light in der anderen Hand. Sara dreht mit dem Wagen auf der Auffahrt eine Schleife, hupt einmal und hält nicht mal richtig an. Ich springe auf den Beifahrersitz, und Sara dreht den Wagen um und fährt los.

»Wo fahren wir hin?«

»Jim ist tot«, sagt sie und klappt die Sonnenblende runter, um in dem kleinen Spiegel ihre Zähne zu checken.

Sara trägt Schwarz. Das hätte mir gleich zu denken geben müssen. Sonst hat sie immer diese grellen Klamotten an, und jetzt sieht sie aus wie aus einem Tim-Burton-Film.

Ich weiß nicht, was ich sagen soll. Jim ist tot? Eben war er doch noch da und hat mir das große Golfplatz-Geschäft erklärt.

»So ist er halt«, sagt Sara nach ein paar Minuten und fängt an zu lachen.

Ich lache ebenfalls, ohne zu verstehen, warum. Wir fahren durch den Sommerabend in Richtung Stadt, Verkehr rollt uns entgegen. Ich rechne nach: Ich habe in der Einöde das Gefühl für Wochentage verloren, aber es sieht ganz danach aus, dass hier Leute am Freitagabend aus der Stadt und in ihre Musterhäuser fahren. Kinder auf dem Rücksitz, runtergekurbelte Scheiben, eine Atmosphäre von Wasserrutsche und Wanderstiefel.

Nicht bei uns im Buick: Sara zündet sich noch eine Zigarette an und fängt langsam, aber sicher an zu nicken. Das geht eine Weile so, dass sie zusammengesackt am Lenkrad sitzt und stumm vor sich hin nickt. Manchmal sagt sie »Ja, ja«, dann wieder »Oh well«. Kurz vor Montreal fängt sie leise an zu weinen. Ich habe das ungute Gefühl, dass sie kurz davor ist, mir eine Teilschuld an Jims Tod zu geben, aus welchen Gründen auch immer. Sie dreht sich zu mir herüber, ihre Augen sind gerötet, und sagt: »Tja. Der Mann hat das Leben geliebt.«

So hatte ich Jim nicht gesehen. Eine interessante neue Perspektive. Ich hatte eher immer den Eindruck, dass er *mitgemacht* hat. Im Rahmen seiner Möglichkeiten. Wie er in die Sonne geblinzelt hat. Wie er sich zitternd eine Camel aus der Hemdtasche geangelt hat. Wie er x-beinig auf dem Hof seines Motels gestanden und über Geschäfte nachgedacht hat, die nur er verstand. Lebenslustig hat das nie gewirkt. Im Gegenteil: Es schien, als müsste er halt irgendetwas machen, als wäre er von irgendjemandem dazu gezwungen worden, bis er es am Ende immerhin geschafft hat, einen Golfplatz verwildern zu lassen.

Aber der Satz von Sara sorgt dafür, dass ich mich traue, etwas zu fragen. »Hat er deswegen die ganzen Filme gedreht? So aus Lebensfreude?«

»Was für Filme?«

Es dauert ein bisschen, aber es gelingt mir irgendwie, Sara zu erklären, dass alle denken, Jim hätte in seinem Motel Pornos gedreht.

Sara sieht mich fasziniert an. »Das glauben die Leute?«

»So ziemlich jeder glaubt das, ja.«

»Wahnsinn.« Sara lacht, dann weint sie wieder und lenkt den Wagen auf die rechte Spur des Highways und schleicht in mäßigem Tempo voran, um mir in Ruhe zu erzählen, was es mit dem Motel auf sich hat: dass Jim einfach jede Menge Kohle geerbt und irrtümlich gemeint hätte, ein Motel sei eine gute Investition. Kurzum: die langweiligste Geschichte aller Zeiten. Sie enttäuscht mich dermaßen, dass ich Sara fragen muss, wie Jim gestorben ist. Wenigstens das muss doch eine Story sein?

»Wie er gestorben ist? Kann keiner so genau erklären.« Sara krächzt ein kurzes »Ha!« hervor: »Aber ich gebe dir mal nur so viel zur Info: Urlaub auf Kuba. Schnaps. Jim Nichtschwimmer. Ich darf jetzt da runterfliegen und mich um den ganzen Dreck kümmern. Vielen Dank auch.«

Jeder hat seine eigene Art zu trauern, denke ich. Das ist vielleicht schon die erste Stufe im Heilungsprozess.

Plötzlich werde ich selbst wütend. Vielleicht sind es das Junkfood und die vielen Pepsi light, von denen ich mich eine Woche lang ernährt habe und die mir auf die Stimmung schlagen, aber es fällt auch mir auf einmal ausgesprochen schwer, pietätvoll zu bleiben. »Mann. Niemand wusste, wo ich war. Was, wenn du mich nicht abgeholt hättest? Im Golfclub gibt es nicht mal ein Telefon. Ich hätte nicht mal jemanden anrufen können. Ich wäre da oben irgendwann einfach vergessen worden.«

»Du hattest ein Gewehr bei dir, oder?«

»Ja, ein Gewehr. Wie ein japanischer Soldat, der auf einer Insel im Pazifik am Strand in einem Erdloch hockt und glaubt, es sei noch immer Krieg. Verdammt. Wie hätte ich denn da wegkommen sollen?«

Sara scheint darüber nachzudenken. Dann fragt sie: »War das Wetter denn gut?«

»Ja.«

»Hast du eine schöne Woche gehabt?«

»Bis eben war sie schön.«

»Hast du was geschossen?«

»Niemand da gewesen.« Ich erzähle ihr nicht von meinem Schussversuch auf das Golfcart.

Sara scheint das ernsthaft zu bedauern. Sie legt ihre Hand auf meine Schulter. »Das tut mir leid.«

»Ist schon okay.«

Das ist es wirklich. Jim tut mir leid. Ich denke, dass der Mann tatsächlich nur ein guter Motelbetreiber sein wollte und die Leute ihn vollkommen missverstanden haben. Dann fällt mir mit einem Mal ein, dass er mir jede Menge Cash schuldet, und mein Puls schnellt hoch.

»Ich habe nie Geld bekommen«, sage ich. »Nie auch nur einen Cent. Dieser Arsch.«

»Hey«, sagt Sara, »hey.«

»Der hat mich betrogen. Der hat mich voll verarscht. Ich kann es nicht fassen. Der hat mich total abgezogen.«

»Dir ist klar, dass der Mann *tot* ist?«

»Und wenn schon.« Ich mag gar nicht daran denken, wie ich meiner Mutter beibringen soll, dass ich den ganzen Sommer für nichts gearbeitet habe, weil Jim, die Suffnase, vor Kuba ertrinken musste.

»Kannst du dich daran erinnern, was ich dir gesagt habe?«, fragt Sara.

Ich überlege. Es kommt mir in Erinnerung, dunkel, langsam, ungut. »Dass ich mir das Geld vorab geben lassen soll.«

Sara muss lächeln: »Ich habe dich ja gewarnt.«

Wir sind an der Metro-Station Honoré-Beaugrand, von wo aus ich den Bus nach Hause nehmen kann.

»Du hast gesagt, dass er ein bisschen vergesslich sei«, sage ich und steige aus. »Du hast nicht gesagt, dass er einfach so stirbt. Das sind zwei Paar Schuhe. Eine völlig andere *Situation*.«

Schweigen. Sara sieht beleidigt aus. Sie zieht sich den schwarzen Hut richtig auf den Kopf, rückt ihn hin und her.

»Was machst du jetzt?«, frage ich.

Sara schaut mich nachdenklich an, dann leuchten ihre Augen auf, und sie sagt: »Ich habe mir da was überlegt.« Sie fängt wieder an zu weinen, und ich schließe die Tür. Sie hupt einmal und schlingert in den Verkehr, hält den Arm zum Abschied aus dem Fenster und fährt in die entgegengesetzte Richtung von Jims Motel.

Dann merke ich, dass ich selber nicht ganz frisch bin. Ich frage mich, wo Fred jetzt Yoga machen soll, und irgendwie nimmt mich das ganz schön mit. Im Bus will mir eine alte Frau ein Taschentuch reichen, aber ich lehne ab. Ich steige irgendwo im Industriegebiet aus und laufe den Rest des Weges nach Hause. In der Hosentasche finde ich noch zwanzig Dollar von Jims Tankstellen-Lunch-Vorschuss. Das ist alles, was mir von der Arbeit eines Sommers bleibt.

Klingt nach wenig. Dabei gehe ich noch mit mehr Geld aus der Sache als bei meinem nächsten Job.

5 Gefühl für die Straße

Maurice sieht mich an, als wüsste er selber nicht, wie das passieren konnte. Angesichts seines zerfledderten Gedächtnisses glaube ich ihm sogar.

Ich blicke in sein Taxifahrer-Altmännergesicht: eine speckige, mehrfach geflickte Brille. Blutunterlaufene Augen. Billiges bröckeliges Koks im grauen Schnurrbart.

Ich gehe um meinen Wagen herum und betrachte den Schaden an der hinteren Stoßstange. Na ja. So schlimm ist es nicht. Nur eine Delle, außerdem ist ein Rücklicht beschädigt.

Maurice und ich sind Kollegen bei Saïds Taxiunternehmen im Osten von Montreal. Der Unfall ist direkt auf Saïds Hinterhof passiert. Maurice kommt übernächtigt von einer seiner undefinierbar langen Schichten zurück, ich will gerade los. Freitagabend, beste Geschäftszeit, fast genau ein Jahr nachdem mich Jim per plötzlichem Ableben um $$$ *Fette Beute* $$$ gebracht hat.

Maurice schenkt mir einen dankbaren Blick, als ihm klar wird, dass das hier unter uns bleibt. Taxifahrer-Ehre. Die Zärtlichkeit der einfachen Menschen. Unausgesprochene, unverhandelbare Grundsätze der Geringverdiener: zwei Loser, die zusammenhalten. Nichts würde uns jemals auseinanderbringen können, außer vielleicht die Aussicht auf zehn Dollar oder eine bessere Schicht oder ein gratis Cheeseburger.

»Alles ok«, sage ich, und Maurice rutscht auf den Fahrersitz und rollt auf den Hof, klein, zusammengesackt, schon halb eingeschlafen.

Beruhigt klemme ich mich hinters Steuer, mache mich bereit für eine weitere Schicht in Saïds illegalem Taxibetrieb.

Dreißig Minuten später bin ich gefeuert, und ich frage mich, wie das sein kann, wo der ganze Quatsch eigentlich angefangen hat.

Er fing da an, wo er immer anfing: Ich brauchte einen Job.

Ein paar Wochen lang war ich nach der Schule Pizza ausgefahren, bis man mir dort steckte, dass im Taxibusiness richtig viel zu holen sei. Dass man dazu einen speziellen Führerschein braucht, störte mich nicht. Ein älterer Pizza-Kollege gab mir die Adresse von Saïd, und am folgenden Wochenende saß ich in einem Hinterhof im Osten von Montreal auf einem wackeligen Schemel und beobachtete Saïd dabei, wie er sich eine Brausetablette in den Mund schob und sie langsam lutschte.

»Wie alt bist du?«, fragt er.

»Ich bin achtzehn«, lüge ich.

»Kannst du gut Auto fahren? Schon mal einen Unfall gehabt?«

»Ich kann gut fahren.«

»Alle können gut fahren«, nickt er. »Ich habe noch nie einen getroffen, der kein Genie am Lenkrad wäre. Kein Michelangelo. Kennst du Michelangelo?«

»Nicht persönlich.«

Er steht von seinem Holzstuhl auf, schnaufend, und sortiert mit der Autorität eines Bankdirektors ein paar schmierige Zettel auf seinem Schreibtisch. Michelangelo hat er bereits vergessen, ist in seiner Show versunken, die er sicherlich nicht zum ersten Mal abzieht. »Hattest du schon einmal einen Unfall?«

»Noch nie.« Das war die Wahrheit.

»Schlecht. Ich brauche jemanden, der bei einer Delle nicht die Kontrolle verliert. Ich brauche jemanden, der sich nicht gleich in die Hose scheißt, wenn jemand die Polizei holt.«

»Okay.«

»Ich brauche jemanden, der schon mal die eine oder andere Wand geküsst hat und trotzdem weitermacht. Ich brauche jemanden, der keine Angst kennt. Ich brauche jemanden, der nie müde wird.«

Dafür, dass Saïd im Hinterhof eines baufälligen Schuppens eine illegale Taxiklitsche betreibt, hat er ziemlich hohe Ansprüche. Es ist, als wollte er sich eine widerstandsfähige Sonderarmee zusammenstellen, um ein für alle Mal alle anderen Taxiunternehmen in Grund und Boden zu rammen.

»Okay«, wiederhole ich.

Er sieht mich an und nickt. »Du bist zu jung. Außerdem musst du einundzwanzig sein, um Taxi zu fahren.«

»Aber das hier ist doch kein Taxiunternehmen.«

Er grinst. »Das ist richtig. Es ist kein Taxiunternehmen. Wir fahren nur so rum. Und wenn jemand bei einem von uns einsteigt und ihm netterweise ein paar Dollar gibt, dann ist das eben so. Gut, das hast du also schon mal verstanden.«

»Ich könnte nach der Schule. Oder am Wochenende. Am Wochenende könnte ich auch tagsüber fahren.«

Saïd winkt ab. »Wir fahren nie tagsüber. Wir sind wie die Fledermäuse – wir sind nur nachts unterwegs«, sagt er, nimmt noch eine Vitamintablette und kratzt sich am Hintern. »Komm nächsten Freitagabend vorbei, dann zeig ich dir, wie der Hase läuft.«

Ich warte noch einen Augenblick, doch Saïd ist schon wieder in den Dienstplan vertieft, der an der Wand hängt, und scheint alles andere vergessen zu haben.

Von da an sitze ich jeden Freitagnachmittag mit den anderen Fahrern im Teamraum und lasse mich von Saïd beschimpfen.

»Ihr seid nichts«, sagt Saïd. »Nichts. Ich bin Gott.«

Das macht er jeden Freitag vor Schichtbeginn. Er denkt, das würde uns motivieren. Und wenn ich mich so umschaue, kann er damit nicht ganz falsch liegen. Wir sind fünf Fahrer: Maurice, Raban, Hamid, Rob Brown und ich. Ich sehe verlebte Typen, die einem nur noch Aufmerksamkeit zu schenken in der Lage sind, wenn man sie akut bedroht.

»Macht keinen Scheiß. Holt nicht die Polizei, wenn was passiert. Ihr seid Privatmenschen, alles klar? Nehmt das Taxi-Schild vom Dach, sobald der Gast im Auto sitzt.«

Seit Wochen hören wir das Gleiche, und eigentlich ist Saïds Auftritt jedes Mal eine ziemlich lustige Show. Das Problem ist nur: Wir sind alle überzeugt, dass er es tatsächlich ernst meint.

So wie den Vortrag, den er uns an meinem ersten Freitag gehalten hat.

»Hör ganz genau auf deine Intuition«, sagt Saïd, der sich – das wird schnell klar – als Heiliger für die Taxifahrer versteht. Ein tablettenlutschender Weiser, für den du auf einen schneeverwehten Berg kletterst, damit er dir, sobald du den Gipfel erreicht hast, erzählen kann, dass du zu jung bist und er lieber einen hätte, der schon ein paar Mal an der Nordwand abgerutscht ist. »Hör ganz genau darauf, was dein Bauch dir sagt. Und dann«, Saïd hebt den Zeigefinger, »dann mach das genaue Gegenteil davon. Das gilt für euch alle. Denn sonst wärt ihr nicht hier. Machen wir uns nichts vor«, speit er. »Ihr seid schließlich nicht hier, weil ihr gerne Auto fahrt. Weil euch *die Straße* etwas bedeutet. Oder weil ihr gerne nachts arbeitet.«

Maurice meldet sich mit seiner Raspelstimme zu Wort: »Ich habe seit vierzehn Jahren keine Lizenz mehr. Ohne Saïd«, sagt Maurice in die Runde und schnieft sich den Rest Koks aus dem ergrauten Schnurrbart, »wäre ich total gefickt. Ich kann nichts anderes als Taxifahren.«

Niemand sagt etwas. Alle starren Maurice an, der sich zitternd erhebt und den Raum verlässt.

»Eigentlich«, sagt er im Hinausgehen, »kann ich nicht einmal das«, setzt sich ins Taxi und rollt vom Hof, um eine weitere Zwölf-Stunden-Schicht zu überleben.

Das ist es auch, was mich an Maurice fasziniert: Maurice hat keine Freunde, keine Ideen, keine Träume, keine Hobbys. Soweit ich weiß, hat er nicht einmal Schulden, was die Anwesenheit der meisten anderen hier begründet. Maurice ist einfach nur ein Typ, der den nächsten Tag, den nächsten Abend, die nächste Stunde überleben will. Manchmal schläft er einfach unter dem Wagen, an dem er gerade rumschraubt, ein, und wir lassen ihn dort zwischen zwei Öllachen auf dem Beton liegen. Stundenlang. Als es Zeit ist, die nächste Schicht zu fahren, wacht er auf, rollt unter der Karre hervor, kämmt sich und macht weiter.

Aber wie meine erste Schicht dann war?

Ein Traum.

Ich setze mich in den Wagen, rieche das alte Leder, die tausend Hintern, die das Ding vor mir gesehen hat. *Das* ist ein Wagen. Ein ausrangierter Mercury, der für die echten Taxiunternehmen zu alt geworden ist. Nicht für Saïd. Das Ding wiegt zwei Tonnen und rollt durch die Straßen wie eine Walze. Keine Musik: Ich lausche aufmerksam dem Brabbeln des uralten Achtzylinders, weises, gluckerndes Singen aus einer anderen Zeit.

Ich werde von Saïd angefunkt, stelle das Taxi-Schild aufs Dach und hole einen jungen Typen vor seinem Hotel ab, bevor das richtige Taxi kommen kann. Ich fahre ihn zu einer Adresse in einem Vorort im Westen. Wir reden kein Wort.

Auf dem Rückweg klemme ich wieder das Schild aufs Dach und hole ein älteres Ehepaar von einer Bahnstation ab, um sie zu ihrem Häuschen zu bringen, das keinen Kilometer entfernt steht.

»Sind Sie nicht ein bisschen jung?«, fragt der ältere Mann von hinten.

»Man ist so alt, wie man fährt«, sage ich Zen-mäßig. Ich weiß nicht, woher der Satz auf einmal kommt.

Der Mann nickt nachdenklich. »Ja«, sagt er, »da steckt viel Wahrheit drin.«

In Montreal herrscht Sommer. Es ist Freitagabend. Die Sonne geht unter. Ich rolle durch die Straßen. Ich kann nicht viel, aber wenn es eine Sache gibt, die ich kann, dann Autofahren. Wie ein junger Sonnengott.

Das oberste Prinzip beim illegalen Taxibetrieb ist ganz einfach. Es lautet: Du musst schneller sein als die anderen Taxen. Und das bin ich. Aber ich kann das nicht für mich alleine einstreichen. Ich hatte nämlich den besten Lehrer, den man sich vorstellen kann: Fritz.

Fritz war nach Montreal ausgewandert, genau wie meine Eltern. Er lebte schon seit etwa dreißig Jahren in der Stadt und hatte sich ein eigenartiges Mischmasch aus Französisch, Englisch und Deutsch angewöhnt, einen Singsang, den er zelebrierte und den kein Mensch verstand. Er war der Typ, der dir das Fahren beibrachte, und wenn er dir während der Stunde auf seiner Fantasiesprache ein Ohr abkaute, dann nahmst du das in Kauf, weil du wusstest, dass du ein paar Wochen später den Schein in der Hand halten würdest.

Fritz ging es vor allem darum, dein Selbstvertrauen zu stärken. Es ging ihm darum, dass du ein *Gefühl für die Straße* bekamst.

Wir fahren auf dem Highway, und Fritz erzählt von den Beatles, dass er die live gesehen hätte, damals, im Forum von Montreal.

Derweil bin ich vollauf damit beschäftigt, auf der rechten Spur die vorgeschriebenen hundert km/h zu halten. Es ist später Nachmittag, Fahrunterricht nach der Schule, wir schleichen durch den Feierabendverkehr, auf den Straßen Menschen aus den Büros in der Stadt, die in ihre Vororte zurückfahren.

Fritz steht voll auf *Abbey Road,* Ringo hier, Paul da. Dann merke ich, wie Fritz unruhig wird und sich immer wieder selbst unterbricht und argwöhnisch zu mir herüberguckt.

Ich frage ihn, wie das damals war mit den Beatles, da bricht es aus dem Mann heraus: »SAG MAL, SPINNERST DU?«

Was? Was habe ich falsch gemacht? Scheinwerfer? An. Beide Hände sind am Lenkrad. Schulterblick, Blinker setzen, überholen. Alles korrekt.

»DAS KANN DOCH NICHT WAHR SEIN!«, sagt er und zeigt auf den Tachometer.

»Was? Ist doch alles richtig. Was? Was jetzt?«

»GUCK MAL HINTER DIR: DIE WOLLEN ALLE NACH HAUSE.«

»Und?« Ich verstehe nicht, was er mir sagen will, aber das verärgerte Gesicht von Fritz ist mir zu viel. »Also, ich fahre hundert, wie vorgeschrieben ...«

»Wie vorgeschrieben? Hör mal, wenn wir alles so machen würden wie vorgeschrieben, dann würde die Menschheit noch immer im Wasser schwimmen. Gib Gas! Verdammt!«

Fritz ging davon aus, dass jeder Mensch fahren kann. Von Natur aus, so wie Babys schwimmen können, wenn du sie ins Wasser wirfst. Je mehr du theoretisch über das Fahren weißt, so seine Philosophie, desto verfälschter der *reine Geist* des Fahrens.

Saïd hätte Fritz geliebt. Ich drücke auf die Tube und fahre weit über der erlaubten Geschwindigkeit, aber Fritz ist wieder zufrieden, legt den Kopf mit den silbernen Haaren an die Stütze, die Augen halb geschlossen. »Und die Stones?«, fragt er. »Kennst du die Rolling Stones? Die habe ich damals auch gesehen, '72 oder '73. Alles live. War super.«

Das sollte nicht der einzige Grund sein, weswegen ich solch eine lockere Haltung zum Fahren habe. Als ich ein paar Wochen und viel zu wenige Fahrstunden später bei der praktischen Führerscheinprüfung hinter dem Lenkrad sitze, nimmt eine gemütliche Prüferin neben mir Platz, die mir erst einmal ein Stück Schokolade anbietet. Ich bin kein misstrauischer Typ, darum nehme ich auch nicht an, dass das Teil der Prüfung ist – zu sehen, ob ich mich zurückhalten kann.

Die Prüferin schickt mich durch die Straßen und fragt mich, was die Schilder bedeuten, die ich sehe. Ich sehe Halten verboten, Tempo dreißig, Einbahnstraße, kein U-Turn möglich. Alles sehr entspannt. Am Ende fahren wir auf den Prüfungsparkplatz, wo sie mich am Straßenrand einparken lässt.

Ausgerechnet rückwärts seitwärts einparken, was ich bis dahin nie gemacht habe. Dank Fritz. Fritz war der Meinung, dass eine Parklücke, in die man rückwärts reinfahren muss, es nicht wert ist, dass man in ihr parkt. Und es stimmt: Auf den täglichen Fahrten habe ich in Montreal nie eine Situation erlebt, in der man hätte parallel einparken müssen. Im Shopping Center gibt es Parkgaragen oder riesige Parkplätze. Kanada als Land ist ziemlich groß, es gibt unendlich viel Platz. Eigentlich parkt man sein Auto gar nicht, man stellt es vielmehr irgendwo ab, wo es die anderen Menschen nicht stört.

Außer in der City. Aber, so Fritz, wer fährt schon freiwillig in die City: »Wenn du zu einem Konzert willst, fährst du besser mit dem Bus oder nimmst ein Taxi. Hab ich früher immer so gemacht.«

Mit seinen Argumenten schien er mir goldrichtig zu liegen, daher konnte ich ihm nicht böse sein, dass er mir das Einparken nicht beibrachte. Nicht einmal jetzt, da mich die Prüferin auffordert, den Wagen auf dem Gelände parallel einzuparken, zwischen zwei demolierten Karren, an denen vor mir schon viele Prüflinge gescheitert sind.

Ich drehe mich um, nehme Maß und bocke den Wagen weit auf den Bordstein.

»Möchtest du es noch einmal versuchen?«, fragt die Prüferin.

»Eigentlich nicht«, sage ich, »danke.«

Sie seufzt, ist aber offenbar dankbar dafür, dass das traurige Spektakel nicht noch länger dauert, dann macht sie ein paar Kreuzchen auf ihrem Bogen, und wir steigen aus.

Es ist mir auf einmal nicht mehr wichtig, einen Führerschein zu haben. Das muss gar nicht sein, denke ich.

Die Frau legt mir den Arm auf die Schulter. »Das hier gibst du an dem Fenster 27 ab, dann bekommst du deinen Führerschein.«

»Aber das Einparken?«, frage ich verwirrt.

»Ja«, sagt sie, »das müsstest du noch ein bisschen üben.«

Einparken zu können ist in Kanada eine nette Zusatzqualifikation, mehr auch nicht.

So ist es zumindest ziemlich einfach, mit dem Gefühl ins Autofahrleben zu starten, eigentlich nichts falsch machen zu können.

Zugegeben, beim illegalen Taxifahren erwischst du nicht immer die frischesten Fahrgäste. Mittlerweile weiß ich, dass es eine schwierige Fahrt wird, wenn jemand vorne einsteigt und sich neben dich setzt, als wäre er deine Ehefrau.

Wie der Typ, der gerade auf dem Beifahrersitz Platz genommen hat. Samstagabend, der Typ riecht nach Bier und Kippe. Minutenlang starrt er mich von der Seite an und sagt dabei kein Wort. So etwas kann mächtig auf die Stimmung drücken. Was hätte Fritz getan?

Ich halte einfach vor einer Bar mit bunten Lichtern und sage: »Da sind wir.«

Er guckt aus dem Fenster. »Hmmm, ist das der Club? Sicher? Hier wollte ich gar nicht hin.«

»Doch, erkennst du nur nicht, ist halt der Seiteneingang.«

»Ach echt?«, sagt er und wankt raus, und ich bin schon mit dem Fuß auf dem Gas und lasse ihn stehen. Die Fahrt geht auf mich, die bösen Träume hinterher auf ihn.

Später höre ich, wie jemand an den Wagen klopft. Eine Frau öffnet die Tür und springt auf die Rückbank.

»Wohin?«, frage ich sie.

»Mal sehen«, sagt sie und zieht ein riesiges graues Telefon aus ihrer Handtasche. Sie zieht mit dem Mund die Antenne aus dem oberen Teil. Sie ist die erste Person, die vor meinen Augen ein *cell phone* benutzt. Sie wählt ein paar Nummern und hält sich das Ding an den Kopf. »Ich suche meine Freundinnen«, erklärt sie.

Ich habe Angst, dass ich ihr mit offenem Mund zusehe. Der Junge, der plötzlich durch einen Zeittunnel in der Zukunft ist. Dem Mädchen aus dem Jahr 2050 mit dunklem Lippenstift und dem skurrilen Knochen an der rechten Gesichtshälfte. »Und wo sind die?«, frage ich schließlich.

»Weiß ich nicht. Zu Hause schon mal nicht.«

»Dann ruf sie doch auf ihren *cell phones* an.«

»Geht nicht, ich bin die Einzige, die so ein Ding hat.«

Sie lacht, und ich sehe, dass sie höchstens so alt sein kann wie ich, was mir gleich peinlich ist, weil sie geschminkt und in Ausgehklamotten auf der Rückbank sitzt, während ich darauf angewiesen bin, in diesem uralten Mercury zu arbeiten. Für ein Fantasie-Taxiunternehmen obendrein.

»Meine Eltern haben mir das Ding besorgt, und eigentlich kann ich damit überhaupt nichts anfangen. Egal.«

»Wo soll ich dich hinfahren?«

»Wo ist es denn gut? Wo sind viele Leute?«

»Im Dome«, sage ich.

»Dann fahr mich mal da hin.«

Als wir vor dem Dome ankommen, sieht sie die Schlange und sagt: »Eigentlich möchte ich lieber nach Hause.«

»Wo ist das?«

Sie gibt mir die Adresse in Westmount, und wir rollen durch die Nacht. Ich möchte mich weiter mit ihr unterhalten. Wie? Das Einzige, was ich gelernt habe, ist, dass man beim Autofahren von den Beatles redet. Ich erzähle ihr die Geschichte von dem Typen, der vorhin neben mir saß und mich angestarrt hat.

»Wieso hat der das gemacht?«

»Keine Ahnung«, sage ich. »Vielleicht guckt er sich gerne Menschen aus der Nähe an. Studiert sie. Oder er wollte etwas sagen, hat sich aber nicht getraut.«

»Und der saß die ganze Zeit über vorne?«

»Die ganze Zeit.«

»Komisch.« Es vergeht ein Augenblick, dann sagt sie: »Es wäre eigentlich ganz nett, wenn du bei mir hier hinten wärst.«

Später sammle ich ein Paar ein, das auf dem Weg vom Kino ins Hotel ist. Spätvorstellung. Ich bin immer noch high von der Sache mit Hedwige – so hieß die *Cell-phone*-Frau – und träume vor mich hin. Ich habe so gute Laune, dass ich unbedingt jemandem davon erzählen will. Aber es kommt sicher nicht gut, wenn du in ein Taxi einsteigst, und der minderjährige Fahrer gibt erst einmal damit an, was er gerade auf der Rückbank erlebt hat, auf der du soeben Platz genommen hast. Oder soll ich Saïd anfunken? *Hey, Saïd, rate mal, was ...* Saïd würde ausflippen und vom Bauchgefühl anfangen. Mindestens.

Während ich nachdenke, rolle ich die Rue St. Denis entlang. An einer roten Ampel sehe ich, dass neben mir ein Polizeiwagen steht. Der Polizeiwagen steht an der Ampel und wartet, dass es grün wird, genau wie ich. Ich sehe, dass der Polizist auf dem Beifahrersitz zu mir herüberguckt. Und guckt. Und guckt. Ich hoffe, er merkt nicht, dass ich zwei Leute hinten drin habe, weil das immer ein bisschen verdächtig wirkt. Ich hoffe, er merkt nicht, dass ich wirklich verdammt jung aussehe. Ich fasse mir ins Gesicht, als würde ich mir den Bart kraulen. Wenigstens, denke ich, habe ich das Taxischild vom Dach genommen, wie Saïd es uns eingetrichtert hat.

Bis mir im selben Augenblick einfällt, dass das Schild sich noch immer auf dem Dach befindet und dass jeder Halbblinde die vier leuchtenden Buchstaben sehen kann: T-A-X-I. Bei der Träumerei vorhin hatte ich völlig vergessen, es wieder in den Fußraum zu legen.

Die Ampel zeigt weiterhin Rot, und ich sehe, wie die beiden Polizisten neben mir miteinander reden, wie der auf dem Beifahrersitz sich immer wieder zu mir hindreht.

Solange er mich anglotzt, ist alles in Ordnung. Wenn er aber den Blick hebt und das Schild auf dem Dach sieht, ist alles im Arsch. In so einer Situation hast du nur eine Chance: Du musst singen. Dreh das Radio auf. Es ist Samstagabend, da kann man das machen. Was kommt – Simply Red oder U2? Da kennt wenigstens jeder den Refrain.

Der Mann auf der Rückbank tippt mir auf die Schulter: »Ist alles in Ordnung?«

»Aber ja«, sage ich. »Ich habe heute Geburtstag.«

»Oh. Na dann.« Blicke im Rückspiegel. »Glückwunsch.«

Refrain! *With or withouououout you …*

»Wie alt wirst du denn?«

»Zweiundzwanzig«, sage ich und gucke mir die Bullen an, die neben mir die Scheibe heruntergelassen haben und grinsen. Da freuen sie sich, dass jemand mal gute Laune hat. Den ganzen Tag bekommen die kein Lächeln ab, sehen nur Verzweiflung, Leid und Schrecken. Doch plötzlich erleben sie die unverhoffte Krönung ihres Tages: ein Mensch, der sich ernsthaft freut. Die Jugend in Person. Guck ihn dir an, fährt so gerne Auto.

Der Polizist auf dem Beifahrersitz klopft den Takt auf dem Armaturenbrett. Ich setze behutsam den Blinker, und als es endlich grün wird, biege ich rechts ab und presche eine dunkle Seitenstraße entlang.

»Ist das nicht ein Umweg?«, fragt der Typ von hinten.

»Ach, Mann«, sage ich, dem Tod gerade von der Schippe gesprungen, »aber ich habe doch heute Geburtstag.«

Dann werde ich gefeuert. Dank Maurice mit seiner falschen Einschätzung von Entfernung, Maurice, der sich scheu in eine Ecke des Teamraums gesetzt hat und die Wand anstarrt. Der weiß, dass gleich ein richtiges Donnerwetter über ihn einbricht, und wie ein alter dummer Hund darauf wartet.

Ich kann es nicht fassen. Ich sage: »Saïd«, aber der will nichts hören.

Saïd betrachtet den minimalen Schaden am Heck des Mercury. Er sagt, dass er mir nicht mehr vertrauen könne. Dass so ein Schaden an einem seiner Wagen ein Schlag ins Gesicht unserer Freundschaft sei.

»Wie bitte? Das ergibt doch überhaupt keinen Sinn.«

»Das entscheide immer noch ich«, sagt er.

Ich denke darüber nach. »Das macht ja noch viel weniger Sinn.«

Saïd fummelt am Schutzblech und an der Lampe herum: »Das sind bestimmt sechshundert Dollar, die das kostet.«

»So ein Rücklicht?«

»Das war ganz neu.«

»Aber der Wagen ist uralt.«

Außerdem, will ich sagen, war das nicht meine Schuld, Maurice ist mir hinten draufgefahren. Ich sehe den kleinen Mann, wie er koksnasig und hohlwangig in der Ecke sitzt und die Wand anstarrt. Ich warte darauf, dass er von sich aus etwas sagt, weiß jedoch, dass das nie und nimmer eintreffen wird.

»Ich kann dir nicht vertrauen«, wiederholt Saïd. Finsteres Gesicht. Enttäuschung. Ist da Schmerz in den Augen? »Das ist Gift für das Business. Nimm Maurice. Der fährt seit Jahren Schicht um Schicht für mich – und nie ist was passiert.«

Morgengrauen. Ich steige an der Haltestelle aus und laufe den letzten Kilometer zu uns nach Hause. Der Himmel ist rot, blutig. Ich zittere. Mein Kreislauf ein wilder Mix aus Koffein, Nikotin und allen möglichen Action-Hormonen, die man nur so freisetzen kann. Irgendwo hoffentlich auch ein bisschen Vitamin C von den Brausetabletten, die ich Saïd geklaut und voller Ärger vorhin im Bus gegessen habe, eine nach der anderen, bis es mir in den Ohren blubberte.

Die Sonne ist vollständig aufgegangen, ein neuer Tag bricht an, Blumen recken ihre Köpfchen und öffnen ihre Blüten. Ich sitze auf einer Bank vor dem Mietshaus am Highway und weiß nicht, wie ich mir von Maurice die sechshundert Dollar holen soll, um Saïd den Schaden zu bezahlen.

Am einfachsten erscheint mir noch die Variante, Maurice irgendwo aufzulauern und ihn so lange zu schütteln, bis sechshundert Dollar aus ihm herausfallen.

Meine Mutter öffnet gerade unten die Fahrstuhltür, um die Zeitung aus dem Briefkasten zu holen.

»Wo kommst du denn her? Warst du aus?«

»Genau«, sage ich.

»Hast du etwa geraucht? Du hast geraucht, oder?«

Am nächsten Tag weckt sie mich und sagt: »Wer ist eigentlich Saïd? Hier hat ein Saïd angerufen und will, dass du ihm Geld zahlst.«

»Vergiss den, der spinnt.«

Meine Mutter macht eine finstere Miene. So, als wüsste sie, dass irgendwo in der Ferne eine ganz schwarze Gewitterwolke aufzieht. So sieht sie normalerweise nur aus, wenn sie mich vom Krankenhaus abholen muss, weil ich mich mal wieder mit dem Skateboard bei ein paar Treppen verschätzt habe.

Mir ist bewusst, dass ich Saïd bezahlen muss. Taxifahrer sind eben Ehrenleute, denke ich und frage mich, wo Maurice wohl gerade schläft.

Uraltes Wissen: Es ist nie gut, wenn deine Mutter sagt, dass sie mit dir reden muss. *Muss,* mal wieder. Vor allem, wenn du ganz genau weißt, dass sie dieses Mal etwas richtig Saftiges gegen dich in der Hand hat.

Meine Mutter steht in meinem Zimmer, so wie drei Jahre zuvor, als sie mit der Nachricht kam, dass ich mir einen Job besorgen soll. Diesmal setzt sie sich aber nicht. Sie steht da mit einem ungläubigen Gesichtsausdruck. »Du hast WAS getan? Du bist Taxi gefahren?«

»Ich war aber eigentlich gar nicht schlecht.«

Meine Mutter ist schon so oft sauer auf mich gewesen. Sie hat mich schon so oft ins Krankenhaus gebracht oder von dort abgeholt, weil ich mit dem Skateboard irgendwo gegen gefahren bin, dass ich ihren entgeisterten Blick gewohnt bin.

Aber dieses Mal trifft der Ärger sie mit voller Wucht. Da kann sie gar nichts machen. Meine Mutter ist so wütend, dass sie gar nicht reden kann und erst einmal zwei Tage lang gar nichts sagt, während ich versuche, ihr meine Ideen zur Rückzahlung von meinen Schulden zu erklären: Zeitung austragen. In der Autowaschanlage arbeiten. Kuchen backen und in der Schule verkaufen. Und ob sie noch die Nummer von Madame Delachaux hätte? Aber meine Mutter will davon nichts hören und schüttelt jedes Mal nur leise den Kopf und geht weg.

Am Nachmittag blättere ich in einem *Time Magazine* und lese die Reportagen. Eine handelt von einer Bohrinsel vor Neufundland. Ist ein Job auf einer Ölplattform die Lösung?

Dann steht meine Mutter doch wieder in meinem Zimmer. »Es ist meine Schuld«, fängt sie an. »Ich hatte die Idee, dass du arbeitest. Und das ist dabei rausgekommen.« Meine Mutter klingt so, als hätte sie sich diese Sätze ziemlich gut überlegt und vorher schon einmal gesagt. Ihre Worte sind ganz klar, die Stimme nicht laut, nicht zu leise, es ist alles ein ziemlich stringenter Fluss, nichts davon hat etwas mit Ärger oder Zorn zu tun. Dann sagt sie ganz ruhig: »Du gehst nach Deutschland.«

»Was soll ich denn da?«

»Du gehst zu dem Cousin deines Vaters und seiner Frau.«

»Zu wem?« Ich kenne diese Leute nicht einmal, und jetzt soll ich bei denen leben – Tausende Kilometer von zu Hause entfernt? Ich sage: »Das muss doch nicht sein.« Ich denke nach und sage: »Vor Neufundland gibt es diese Ölplattform …«

»Du denkst, du seist erwachsen? Dann zeig mir, dass du es wirklich bist.« Sie setzt sich und sieht mir ins Gesicht: »Es ist meine Aufgabe, dich in ein Umfeld zu bringen, wo du die Chance hast, etwas zu werden.«

In einem Anfall von Panik greife ich mir erst einmal ein Fotoalbum aus dem Regal und versuche, darin meine Verwandten aus Deutschland zu finden. Was ich finde, sind uralte Aufnahmen von Menschen, die alles sein könnten zwischen vierzig und hundert Jahren.

Angeblich sind die beiden so alt wie meine Eltern, sehen aber nie und nimmer so aus. Soweit ich anhand der Fotos nachvollziehen kann, wohnen sie mit ihren Katzen in Kassel und gehen gerne im Park spazieren – mehr nicht.

Ich liege wach im Bett. Das ist mal eine Strafe: von seiner Mutter des Landes verwiesen zu werden. Nicht schlecht. Ich bin mir sicher, dass sie sich das gründlich überlegt hat. Ich bin mir auch sicher, dass sie schon längst meine Verwandten angerufen hat, die ich noch nie gesehen habe. Ich kann mir beim besten Willen nicht vorstellen, dass die beiden Lust darauf haben, mich bis zum Abitur jeden Morgen in die Schule zu prügeln.

Offenbar doch. Denn schon zwei Monate später holt mich ein nettes, aber ein bisschen staubiges Ehepaar am Flughafen Frankfurt ab.

»Du bist also der Taxifahrer«, sagt der Cousin meines Vaters und zwinkert mir zu.

»Stefan«, sagt die Frau neben ihm. »Lass den Jungen. Willkommen in Deutschland«, begrüßt sie mich ganz offiziell und sehr herzlich.

»Ich dachte nur, vielleicht will er ja gleich den Wagen fahren«, brummelt der Mann und klopft mir auf die Schulter.

Ich folge den beiden zum Ausgang und ins Parkhaus. Hätte schlimmer kommen können, denke ich. Wenigstens habe ich jemanden gefunden, der die Geschichte mit Hedwige ganz sicher zu schätzen weiß.

6 Am richtigen Finger riechen

Ivo taumelt gefährlich dicht an der Fahrbahn der A 14 entlang, aber wenigstens hat er die Warnweste wieder angezogen. Es ist mittlerweile finstere Nacht, nur noch wenig Verkehr, und wir laufen entgegen der Fahrtrichtung. Ich denke, dass Ivo außerdem wieder fit genug wirkt, um notfalls schnell einem Wagen auszuweichen. Trotzdem zupfe ich ihn leicht zurück, und Ivo bleibt stehen. Ich kann in der Dunkelheit nicht viel erkennen, spüre aber, dass er mir direkt ins Gesicht schaut. Nach ein paar Sekunden sagt er den großen Satz, den jeder weise Mann früher oder später einmal loswerden sollte: »Ich hätte niemals diesen verdammten Schnaps trinken sollen.«

Ich ziehe ihn am Ärmel hinter mir her, und wir stolpern weiter Richtung Leipzig. Der Tag war sonnig, aber dann müssen, während wir am Straßenrand geschlafen haben, Wolken aufgezogen sein, der Mond ist nicht mehr zu sehen. Wir tappen vorsichtig über Gras und stolpern durch einen kleinen Wald, laufen dann weiter auf dem Standstreifen, vorsichtig, dass vorüberfahrende Autos uns nicht sehen.

Anfangs hatte ich gehofft, irgendein besorgter Reisender würde uns die Autobahnpolizei schicken, damit die uns aufliest. Aber das geht nicht, hat Ivo gesagt, weil er gerade erst wieder *raus* ist und sich keinen Mist erlauben kann.

Ich frage, was denn daran Mist sein soll. Ist doch nicht illegal, abends auf der Autobahn rumzulaufen, dabei weiß ich, dass es total illegal ist. Allerdings ist es lächerlich im Vergleich zu dem, weswegen Ivo bis vor Kurzem *drin* gewesen ist und über das er nicht reden will.

Die lahmen Beine machen allmählich schlapp. Es war ein langer Tag, und wir haben noch viele Kilometer vor uns. Wenn wir uns ranhalten, sind wir in fünf Stunden wieder bei der Autobahnmeisterei – falls wir bis dahin nicht umkippen oder von einem Wildschwein angegriffen werden.

Ich trete in eine enorme Matschpfütze und versinke mit dem rechten Bein fast bis zum Knie.

»Alles klar?«, fragt Ivo, der das Schmatzen der Pfütze gehört hat, läuft aber einfach weiter.

»Hey«, sage ich. »Warte!« Ich sehe Ivos Gestalt im Scheinwerferlicht entgegenkommender Wagen, wie er weiter und weiter wankt. »Scheiß Udo«, ruft er.

Ich denke: Scheiß Udo, ganz genau. Denn auch ich hätte diesen Schnaps niemals trinken dürfen.

Dabei fing alles so harmlos an wie immer: Ich brauchte einen Job.

Es ist Ende Mai, fünf Uhr am Morgen. Die Sonne geht sehr langsam auf, wie ein Mann, der sich noch einmal umdreht und sagt: »Noch fünf Minuten.« Die Vögel zwitschern mächtig. Auf einem Schild konnte ich kurz zuvor lesen, dass wir etwa hundert Kilometer vor Magdeburg sind. Alle anderen Ortsnamen auf dem Schild sagten mir nichts. Willkommen im Death Valley Deutschlands.

Es sind ein paar Jahre seit der Geschichte mit Saïds Taxiservice vergangen. Onkel Stefan hat mich in Kassel tatsächlich bis zum Studium fit bekommen, und ich studiere mittlerweile in Leipzig.

Wenige Wagen fahren auf der Autobahn, bremsen ab, weil wir die rechte Spur blockieren. Ich frage mich, wer um die Uhrzeit in diesem Teil des Landes unterwegs ist. Viele silberne Kombis – Vertreter, Wartungsservice für Kaffeemaschinen, Menschen, die durchsichtigen Plänen folgen.

Wir Aushilfen von der Autobahnmeisterei sitzen erst mal im Wagen und hören uns die Vorsichtsmaßnahmen an: Niemand betritt die Fahrbahn. Wir machen nichts anderes, als auf die Leitplankensteckelemente zu warten, diese dann miteinander zu verbinden und auf die Leitplankensteckelementvorrichtungen am Fahrbahnrand zu montieren. So weit, so ulkig.

Hat jeder seine Warnweste angezogen und verschlossen? Ein Mitarbeiter guckt Ivo, Udo und mich an wie ein Vater, der überprüft, ob sein Nachwuchs ordentlich auf dem Kindersitz festgezurrt ist.

Die Situation hat einen unguten Ernst. Ich selber denke: Ich bin doch nur hier, weil ich nicht wieder Pizza ausliefern wollte. Was soll das denn jetzt?

»Hey! Ihr drei da. Ihr drei Clowns.« Ein riesiger Typ mit baumstammdickem, knallrotem Hals und geschwollenen Adern kommt auf Ivo, Udo und mich zu. »Ich bin Möller. Herr Möller für euch. Ich will keinen von euch auch nur in der Nähe der Fahrbahn sehen. Wenn ich merke, dass einer von euch auch nur die Fußspitze auf den Asphalt setzt, dann ist er raus. Ohne Bezahlung. Stichwort Ansauggefahr, sag ich nur.«

Möller dreht sich um und betrachtet die Fahrbahn wie einen alten Feind.

Wir warten.

»Und noch etwas: Ihr legt niemals die Warnweste ab. Nie. Ich will die immer an euch sehen. Selbst wenn ihr aufs Klo geht.«

Lachen vonseiten der Kollegen. Das hier ist Möllers Show, und er beherrscht sie gut.

Wir haben noch nie beim Straßenbau gearbeitet. Ich zumindest nicht, Udo neben mir nicht, Ivo will nicht so richtig raus mit der Sprache. Die anderen Aushilfen schon, denn ich merke, dass die gar nicht zuhören und dass der Vorarbeiter eigentlich nur uns drei anspricht.

Ivo und Udo sind gestern erst *rausgekommen,* für die beiden ist das alles ein großer Ausflug. Kaum raus und schon einen Job. Volltreffer. Darauf einen Schluck aus dem Flachmann.

Ich dagegen bin einfach nur pleite. Es war der 14. Mai, und ich hatte noch ziemlich genau dreißig Euro für den Rest des Monats. Wenn ich will, kann ich von zwei Euro am Tag leben, aber es macht einfach keinen Spaß. Man braucht auch Zerstreuung. Kultur. Spiel. Erschwerend kam dazu, dass ich in Leipzig an der Uni eingeschrieben war und keine Begeisterung für mein Studium entwickeln konnte. Onkel Stefan und seine Frau haben es in Kassel zumindest hinbekommen, dass ich die Schule bis zum bestandenen Abitur besucht habe. Doch darüber hinaus hatte ich keinen Wissensdurst. Ich wollte draußen sein. Das ganze Studieren war mir ein Rätsel. Als ich las, dass die Straßenmeisterei Sachsen Leute zum Leitplankenmontieren suchte, konnte ich förmlich mir selber dabei zusehen, wie das alles in einen großen kosmischen Plan passte, der für mich ausgeheckt wurde.

Ganz ehrlich: Ich hätte auch Pizza ausfahren können, da wurde man sogar am Ende der Schicht in Cash ausbezahlt. Ich war kurz davor. Aber ich konnte es nicht. Das hatte ich hinter mir. Ich ging in den Pizzaladen und sah die roten Mützen, die man tragen musste, schnupperte den Fettgeruch, sah die Roller vor der Tür. Das war es nicht. Ich weiß nicht, warum die orangenen Westen besser sein sollten als die roten Mützen, aber als ich im Pizzaladen stand, merkte ich, dass mich nichts auf der Welt zurück zum Ausliefern bringen konnte.

Udo hat zu Möller vom ersten Moment an ein schwieriges Verhältnis: »Scheiß auf den. Du musst es so sehen: Es ist ein sonniger Tag. Du bekommst zwar, wenn du es hier verkackst, kein Gehalt, dafür jede Menge Natur, und das Amt geht dir auch nicht mehr auf die Nerven, weil du es wirklich mal mit Arbeiten probiert hast. Gar nicht dumm, was?«, fragt er und nimmt vor Möllers Augen einen großen Schluck aus dem Flachmann. Dumm nur, dass Udo sogleich in den Wagen gesperrt wird.

»Das ist Freiheitsberaubung, bin doch gerade erst raus«, protestiert er, scheint aber nicht unglücklich zu sein.

»Meine Baustelle, meine Regeln«, sagt Möller.

Udo gilt als Gefahrenherd und ist damit für den Rest des Tages von der Arbeit befreit.

Wir anderen sind unterdessen mächtig am Schwitzen. Die Arbeit ist eigentlich easy. Warten, dass das erste Team – die Erfahrenen – die meterlangen Leitplankenteile von der Ladefläche des Lkws holt, diese dann zu uns anderen auf die Wiese legt, damit wir sie zusammenstecken. Ich stecke die Teile ineinander, und Ivo zieht die Schrauben zu. Anschließend kommen die Jungs vom Lkw zurück, holen unsere Teile und hieven sie auf die Steckelemente am Fahrbahnrand. Ordentliche Arbeit. Dazu eine frühe Sonne, die ich in der Bibliothek ziemlich vermisst habe.

Irgendwann fragt mich Ivo, was Möller vorhin mit »Ansauggefahr« meinte. Ich bin mir auch nicht sicher, aber soviel ich verstanden habe, handelt es sich um ein physikalisches Phänomen, das auftritt, wenn ein Lkw mit voller Geschwindigkeit an dir vorbeifährt und dich mitreißt.

Möller konnte vorhin nicht genau erklären, ob es daran lag, dass ein physisch größerer Körper den kleineren in seine Umlaufbahn bringt, wie die Erde den Mond, oder ob es völlig anders ist. Tatsache ist: Wenn du zu dicht an der Fahrbahn stehst und der Lkw zu schnell durch die Baustelle prescht, kann es passieren, dass er dich ansaugt.

»Shit«, sagt Ivo.

Möller kommt angelaufen. Er hat das Stichwort aufgeschnappt, sieht in den Himmel, als hätte er auf einmal schlimme Erinnerungen. »Jungs, ich könnte euch Sachen erzählen. Ansaugung. Da bist du richtig am Arsch.« Er geht wieder weg, um zu überprüfen, ob Udo noch im Wagen gefangen ist.

Daraufhin fängt Ivo mit Lux an, ich weiß nicht, warum. Der Mensch brauche jede Menge Lux. »Wenn du in einem perfekt ausgeleuchteten Raum sitzt, mit superhellen Leuchten an der Decke – weißt du, wie viele Lux du da abbekommst? Hundert. Wenn es hoch kommt. Übrigens egal, ob Halogen oder normal.«

Ich trage meine Teile an den Fahrbahnrand. »Okay«, sage ich. Ich bin so weit, dass ich nur noch den Tag nach Hause schaukeln will.

Ivo kommt mir hinterhergelaufen. »Und jetzt stell dir mal das vor: Du gehst an einem verregneten, wolkenverhangenen Tag im Herbst vor die Tür, machst einen Spaziergang zum Späti. Weißt du, wie viele Lux du da abbekommst?«

Ich weiß es nicht.

»Zehn-tau-send«, sagt Ivo und nickt vehement. »Ja, das ist der Unterschied.«

Noch nie hat mir jemand so schlüssig erklärt, warum das mit dem Studieren nicht hingehauen hat. Ich brauchte Lux, ganz einfach. Am besten mehr als zehntausend. Am besten die ganze Zeit.

»Ihr habt ja vorhin mehr über Saugeffekte erfahren wollen«, kommt Möller wieder mit seinem Lieblingsthema um die Ecke.

Ivo kratzt sich ein kurzes Lachen aus dem Hals. »Ha! Saufeffekte! Kenne ich genug.«

Möller vernichtet Ivo mit einem rotäugigen, wilden Blick. Das hier ist ernst, scheint er sagen zu wollen. Das hier ist verdammt noch mal Autobahn. Wir sind gestrandet zwischen Magdeburg und Leipzig, wir könnten genauso gut auf einem U-Boot zwischen Hawaii und Samoa sein, mit einem einäugigen Kapitän und einem stecknadelgroßen Leck im Bug.

»Saugeffekte«, sagt er, »sind eure größten Feinde.«

Ich nicke. Mittlerweile redet Möller nur noch mit mir, weil Udo im Wagen eingesperrt ist und Ivo spazieren geht. Ich sehe mich bereits als Toten. Als Verkehrstoten, als einen, der die uninteressanteste aller Todesstatistiken mit seinem Ableben füttert, vom Vierzigtonner kilometerweit durch sächsisch-sachsen-anhaltisches Grenzgebiet geschleift, zermalmt und an einer Bodenwelle hängen geblieben, aufgesammelt von Ivo und Udo, die sich eigentlich nur einen netten Tag in der Natur machen wollten.

Später gehe ich zu Möller. »Ich sage das nur wegen der Ansaugung und so ...«

»Ja?« Er macht große Augen, so als würde ich ihm Neues dazu erzählen können, als hätte mich die Straßenbauzentrale angeheuert, um Möller vor Ort neue Funde zum Thema vorzutragen.

»Also, die beiden Männer, Ivo und Udo, die sind schon ziemlich betrunken. Ich dachte nur, dass ich das mal sage, bevor da was passiert.«

Möller denkt nach und zuckt mit den Schultern. Dann sagt er: »Klar. Die sind ja gerade erst rausgekommen. Wäre ich an deren Stelle auch.«

»Gut«, sage ich und drehe mich weg. Mehr kann ich nicht für die beiden tun.

Möller dreht sich um: »Hey! Hey, du!«, ruft er Ivo zu.

Ich sehe Ivo in unsere Richtung schlenkern. Er tippt sich mit dem Zeigefinger auf die Brust.

»Genau, du!«, ruft Möller. »Leg dich mal hin. Da, ins Gras.«

Ivo sackt auf der Stelle zusammen, drei Meter von der Fahrbahn entfernt, die Warnweste halb über seinem Gesicht. Es ist halb sieben am Morgen.

»So ist es richtig«, ruft Möller. »Ruh dich tüchtig aus.«

»Ich auch?«, ruft Udo aus dem Lkw.

Möller spuckt auf den Boden. »Du nicht«, sagt er und steckt sich eine HB an.

Was auch immer mich noch erwartet, ich weiß in dem Moment, dass die Uni mich niemals wiedersehen wird. Nie wieder. Alle Fragen, die ich an das Leben stelle, hier werden sie beantwortet. Zumindest teilweise. Die Straße hat gesprochen.

»Du«, sagt Möller später und legt mir den Arm auf die Schulter. »Riech mal an meinem Finger.«

So weit ist es also gekommen. Kaum ist man zwei Stunden dabei und als Student gebrandmarkt, schon geht es mit dem Respekt, der ohnehin kaum vorhanden war, noch einmal rapide bergab. Die anderen gucken mich erwartungsfroh an. Sie grinsen. Wenn du den Tag hier draußen überleben willst, dann machst du einfach mit. Da gibt es gar keine andere Möglichkeit.

Also halte ich meine Nase an Möllers rechten Zeigefinger. Ich sehe die Gesichter der Kollegen. Zahnlücken, Furchen im Gesicht, tausend geplatzte Äderchen. Das ist ihre Show, und ich bin der Dumme, der gleich die Torte ins Gesicht bekommt.

Ich tue so, als würde ich an dem mächtigen vernarbten Finger riechen.

»Und?«, fragt Möller.

»Keine Ahnung.«

»Tjaaaa«, fängt er an, und ich sehe in seinem Gesicht, dass der Mann ein verdammtes Lexikon der Schmutzwitze verfassen könnte, ein großes Standardwerk, das seine Crew schon auswendig kennt, aber immer noch lustig findet. »Also ich war doch letzte Woche mal wieder aus. Bisschen tanzen, weißte. Und da hab ich diese Frau getroffen. Alles klar?«

»Alles klar.«

»Und da nimmt die mich doch glatt mit nach Hause, den alten Möller.«

Die anderen johlen. »Möller, du Tier!«

Der Zeigefinger befindet sich noch immer unter meiner Nase. »Tja, und da gehen wir auch gleich ins Schlafzimmer.« Der Zeigefinger wippt vor mir auf und ab. Oh Gott. »Aber bevor es da richtig rund geht, bin ich noch schnell bei dem Hasen auf die Toilette, Hände waschen. Verstehst du? Wegen der Hygiene.«

»Super«, ruft einer, ehrlich begeistert.

»Und da steht diese Handwaschseife. Die hab ich mir am nächsten Tag auch gleich besorgt. Duftet nach Kirschen. Nicht schlecht, oder?« Möller nickt zufrieden und fährt sich mit dem Zeigefinger unter der eigenen Nase entlang, und ich muss zugeben, dass der gar nicht schlecht war. Zumal ich gerade in einem Seminar über Humor im Werk von Thomas Bernhard hätte sitzen sollen.

»Möller«, sagt einer der Männer plötzlich ernst.

»Was?« Möller noch mit dem Finger unter der Nase, in Gedanken noch tief in seiner Palmolive-Story drin.

»Ist sieben durch, Möller.«

Ich merke, wie die anderen auf ihre Uhren sehen. Der Verkehr hat zugenommen. Die Luft ist elektrisch aufgeladen, knisternd, wie kurz vor einem Gewitter, dabei ist der Himmel blau, Vögel zwitschern nach wie vor, die Sonne scheint uns ins Gesicht und wird von den Warnwesten reflektiert.

»Jetzt geht es los. Das Nachtfahrverbot ist vorbei«, sagt Möller.

Der erste Lkw ist in der Ferne zu erkennen. Er nähert sich.

»Dein erster Laster?«, fragt ein sonnenverbrannter Typ mit Kippe im Mund.

Ich nicke.

»Dann pass mal auf.«

Von der Anhöhe kommt also dieser Lkw angerollt. Es sieht aus wie in Zeitlupe. Ich höre, wie der Fahrer zischend abbremst und den Gang rausnimmt, ein mächtiges Schalten. Dann zieht er vorbei, weiter, wie in Zeitlupe.

Wuuuuuuuuuuuusch. Was auch immer Möller über Ansaugeffekte sagte, er hatte nicht unrecht. Der Lkw konnte nicht mehr als sechzig km/h gefahren sein, aber so muss es sich anfühlen, wenn in unmittelbarer Nähe ein Jet startet.

Der Typ neben mir zieht an seiner Zigarette. Sein Gesicht sagt: Das tat gut. »Nicht schlecht, was?«

Ich bin taub und auch ein bisschen durcheinander. Die Welt fühlt sich so an, wie wenn man am Sonntagabend aus dem Berghain kippt.

»Ist das alles?«, frage ich.

»Kommen noch größere. Wart's ab.«

Und so geht es weiter. Es wird irre laut, der Boden beginnt zu vibrieren, dann fährt der Lkw vorbei. Man gewöhnt sich nicht daran. Nicht am ersten Tag. Wahrscheinlich nie. Ich sehe es an den erfahrenen Kollegen, die die Augen schließen, wenn sich ein Lkw nähert, die sich unmerklich schütteln.

Wir hieven ein Teil auf die Steckvorrichtungen. »Wie lange machst du das schon?«, frage ich den Typen neben mir.

»Oh, Mann«, lacht er. »Viel zu lange. Lass mal nachdenken.« Er konzentriert sich. »Also, morgen sind es drei Wochen.«

Alles klar. Hart.

Ich gehe zu Udo, der im Wagen sitzt und gedankenverloren eine Zigarette raucht. »Ist noch Schnaps da?«

Udo guckt mich mit verwaschenem Blick an. »Sicher, Junge. Für dich immer.«

Ich stehe etwa eine halbe Stunde lang bei Udo am Wagen, und wir trinken das Gesöff aus seinem Thermobecher. Ich beobachte die vorbeifahrenden Lkws. Nicht einer von denen hält sich an die Geschwindigkeitsbegrenzung. Die preschen einfach durch die Baustelle, als wäre nichts. Ich muss zugeben, dass ich es selber noch nie so gesehen habe. Dass ich auch immer zu schnell war. Jetzt merke ich, dass jeder Wagen, der zu schnell fährt, für die Leute an der Baustelle wie eine massive Backpfeife ist. Immer und immer wieder.

Niemand erwartet, dass ich weiter beim Tragen helfe. Dass ich überhaupt so lange durchgehalten habe, scheint schon zu reichen.

Ich merke, wie ich von dem Schnaps langsam blind werde. Ich muss irgendetwas machen, um wieder nüchtern zu werden. Also versuche ich, ein Steckteil zu heben und schneide mich dabei an dem Metall. Blut läuft meinen Finger und meine Hand hinunter. Ich bin zu besoffen, um das verarzten zu lassen.

Udo sagt vom Wagen aus: »Tu da lieber mal ein Aspirin drauf, du.«

»Ich glaub, ich leg mich mal hin«, sage ich.

»Gute Idee«, sagt er. »Hey: Willst du mal an meinem Finger riechen? Aber nur dass du's weißt: Ich hab nicht so eine komplizierte Pointe im Gepäck wie der Möller.«

Meine Füße sind im Eimer, mir ist kalt, und ich habe seit dem Schnaps nichts mehr getrunken. Ich habe eine Mischung aus Kater und fortgeschrittener Dehydration, was die völlig falsche Kombination ist.

Ivo steht neben mir in der Dunkelheit und behauptet, er hätte es die ganze Zeit gewusst. »Udo kann man nicht vertrauen«, sagt er. Udo bescheißt dich, wenn er atmet.«

Mein Geld ist weg. Mein iPod, den ich, ganz Student, am Morgen eingepackt hatte, *für den Fall, dass mir langweilig wird*, ist ebenfalls weg.

Ivo sagt: »Das macht er manchmal: klauen. Udo ist ziemlich gut darin.« Ivo klingt, als würde er feststellen, dass es in London manchmal regnet. Als würde es sich bei Udo um ein unabänderliches höheres Phänomen handeln. Nach dem Motto: Hättest halt aufpassen müssen.

Bevor wir uns auf die Socken gemacht haben, musste ich erst einmal zehn Minuten lang am Fahrbahnrand kotzen. Ivo musste ebenfalls kotzen, aber nicht ganz so lange. Er meinte dann, dass Udo wahrscheinlich mehrere Schnapssorten miteinander gemischt hätte, zur Feier des Tages. Rauskommen deluxe. Mir fiel darauf nichts ein. Ich wollte auch nichts wissen. Dann sind wir weiter die Autobahn in Fahrtrichtung entlanggelaufen, ein, zwei Kilometer, und haben nach den anderen Ausschau gehalten, von denen wir annahmen, dass sie mittlerweile einfach ein paar Kilometer weiter die Straße entlang den Rest der Leitplanken montierten.

Irgendwann blieb Ivo einfach stehen und fragte: »Wie spät ist es?«

Ich konnte es ihm nicht sagen, weil Udo auch meine Uhr mitgenommen hatte. Ich schaute hoch, um den Sonnenstand einzuschätzen. »Vielleicht sechs.«

»Das ist schlecht«, sagte Ivo. »Die Jungs machen hier draußen doch um drei Feierabend.«

»Um drei?«, fragte ich, plötzlich unter Strom.

»Ist auch so ein ganz schön langer Tag«, sagt Ivo und macht sich daran, die Arbeitszeit der Jungs zu verteidigen. Ich wollte nur zurück in die Stadt. Ich begriff mit einem Mal, dass wir mitten im Nichts gestrandet waren. »Du musst bedenken«, sagte Ivo, »dass die Jungs eine lange Heimfahrt haben und dass sie noch die Sachen vom Heck verräumen müs…«

»Willst du mir sagen, dass wir hier draußen ganz alleine sind? Dass wir den Daumen raushalten müssen, um nach Hause zu kommen?«

»Sei doch mal realistisch«, sagte Ivo. »Uns nimmt doch keiner mit.«

Das stimmte. Wir stanken. Wir sahen aus, wie wir aussahen. Halbbetrunken, in Arbeitskleidung, und mindestens einer von uns beiden sah, im rechten Licht betrachtet, so aus, als wäre er gerade aus dem Knast gekommen. Ohne ein Wort zu sagen, drehten wir uns um und fingen an zu laufen, zurück nach Leipzig. Die Jungs waren ohne uns abgefahren, ganz klar.

Dann wurde es dunkel. Dann begann es leicht zu nieseln. In der Nähe der Waldstücke zog später dichter Nebel auf.

»Ich weiß gar nicht, wo ich die morgen treffen soll«, sage ich. »Ob die noch einmal an derselben Ecke abfahren.«

Ivo schnattert. »Du denkst doch nicht etwa, dass die uns noch einmal mitnehmen?«

Ich kann nicht fassen, was er da sagt. »Wieso nicht?«

»Denkst du, die brauchen Typen wie uns?«

»Keine Ahnung. Aber ich brauche das Geld.«

»War doch eigentlich ein netter Tag«, sagt Ivo und wankt weiter die Straße entlang. »Frische Luft, Sonne und so.«

Ich habe den Eindruck, dass er gleich anfängt zu pfeifen.

»Ich hab's«, sage ich. »Wir warten einfach hier. Wir setzen uns auf diesen Baumstamm, machen vielleicht ein Nickerchen, und morgen Früh halten wir nach ihnen Ausschau. Die müssen uns ja nicht bezahlen. Reicht, wenn sie Wasser dabeihaben.«

»Hast du vorhin beim Laufen gesehen, dass da noch Teile an der Autobahn ohne Leitplanke waren?«

Ich kann mich nicht erinnern.

»Die sind morgen woanders. An irgendeiner anderen Stelle. Gibt überall viel zu tun.« Ivo kommt näher. »Außerdem muss ich unbedingt nach Hause. Meine Kleine hat doch morgen Geburtstag. Darum bin ich doch überhaupt raus.«

Ivo dreht sich um und läuft weiter, ich sehe seine Umrisse im Fernlicht eines langsam auf der rechten Spur kriechenden Wagens, der uns entgegenkommt. Ivo unterwegs nach Hause, ein Mann, der unbeeindruckt seinen Weg geht, kilometerweit. Heute Arbeit, morgen Vergnügen, übermorgen wahrscheinlich was ganz anderes – aber wer kann schon so weit in die Ferne planen?

Ich bleibe noch ein bisschen auf dem Baumstamm sitzen und massiere mir die Beine.

Das Eigenartige: Es fühlt sich plötzlich grandios an, selbst an der ganzen Sache schuld zu sein. Trink halt keinen Schnaps mit Knackis. Hör auf Möller. Riech am richtigen Finger.

Es hilft, dass ich mir einrede, wertvolle Erfahrungen gesammelt zu haben und dass man mich um diese Episode irgendwann einmal beneiden wird – obwohl ich mir niemanden vorstellen kann, der geisteskrank genug wäre, mich tatsächlich darum zu beneiden.

Später sagt Ivo: »Aber weißt du was? Ich hol dir das zurück. Deine Sachen, von Udo. Ich weiß, wo er meistens wohnt«, und ich höre so etwas wie Zärtlichkeit für den alten Knastkollegen in seiner Stimme.

Wenn das keine Freundschaft ist. Ich habe mich immer gefragt, warum ich so wenige Freunde habe. Jetzt weiß ich es: Ich brauche keine Freunde, sondern Kollegen. Leute, die mir nicht an die Karre fahren und dann behaupten, es sei meine Schuld gewesen. Die tonlos neben mir ihre Arbeit verrichten und mich nicht mit rumänischem Raketentreibstoff abfüllen.

Feinde machen dich stark, setzen dich seelischer Witterung aus. Freunde leihen sich dein Nintendo aus, ohne es jemals zurückzugeben, und kotzen dir auf den Teppichboden.

Es sind immer noch dreißig Kilometer bis Leipzig, und ich kann mir gut vorstellen, dass ich eines Tages so etwas haben werde: ein Büro. Kollegen, mit denen ich am Kopierer über Schalke rede. Oder über Schuhe. Die mir sagen, bei welchem Händler man günstig einen Passat leasen kann. Es scheint nur so unendlich weit weg.

Am nächsten Vormittag stehe ich bei der Jobvermittlung der Uni Leipzig. Die Schuhe verkrustet, die Hose bis zu den Knien braun vom Schlamm an der Fahrbahn, meine Warnweste hängt über der Schulter. Die nette Frau von der Vermittlung schiebt sich die Brille auf die Nase und sieht in ihrer Kartei nach.

»Waren Sie nicht vorgestern schon hier?«

»Nein«, sage ich.

Sie seufzt und sieht mich von oben bis unten an. Sie beugt sich vor und flüstert: »Soll ich mal nachsehen, ob ich was für Sie in einem Büro finde?«

»Das wäre richtig, richtig super«, flüstere ich zurück und werfe die Warnweste in den Mülleimer am Eingang.

7 Immenhof Vice

Die Frau hat unglaublich gepflegte Hände, das ist mir schon am Abend zuvor aufgefallen. Das war sogar das Allererste, was mir am Abend zuvor an ihr aufgefallen ist, als sie mir ihre Visitenkarte überreichte, auf der stand: *Valentina S. Fedorova, Journalist,* darunter ein paar Zeilen in kyrillischer Schrift, vermutlich Publikationen, für die sie arbeitete. Ich hatte sie auf der Playboy-Party am Hafen von Cannes getroffen, wo sie mir die Karte reichte und fragte: »Wie hast du dich denn auf diese Feier gemogelt?«

»Ganz einfach. Ich bin Journalist«, log ich.

»Ein Kollege«, lachte sie, und da war mir klar, dass sie genauso sehr Journalist war wie der Weihnachtsmann.

Doch wie sie die Worte betonte und dem Satz eine Klangrichtung gab, wirkte auf mich ziemlich beeindruckend. Den gleichen Tonfall verwendet sie jetzt, am Tag danach, in ihrem Hotel: »Erzähl mir noch einmal, wie das mit dem Auto passieren konnte.«

Damit erinnert sie mich an meine ungute Lage. Ich habe nämlich gerade den Lohn von mehreren Wochen Maloche in den Sand gesetzt.

Manche Menschen passen perfekt zu einem Ort. So wie man sich Brigitte Mira nur in West-Berlin vorstellen kann, Udo Lindenberg im Hotel Atlantic oder den eigenen Postboten in der Frühkneipe am Altmarkt. Valentina passt perfekt zu Cannes.

Da sind die langen braunen Haare und dieses Sommerkleid. Dann sind da die verdammten Sommersprossen, die mir erst jetzt im Tageslicht auffallen. Das Zehntausend-Euro-Lachen. Es ist ein Ding der Unmöglichkeit, sich Valentina an einem Ort vorzustellen, an dem nicht achtzehn Stunden am Tag die Sonne ballert und man gefälschte Rolex für einen Fünfer kaufen kann.

Ich bin also in Cannes, was nicht verkehrt ist. Die Sonne scheint, ich sitze mit einer wunderbaren Frau auf dem Balkon ihres Hotelzimmers, das ihr Gottweißwer bezahlt, und ich blicke aufs Mittelmeer. Meine Arme sind braun, meine Haare gerade frisch mit Frauenshampoo gewaschen, ich trage einen leichten Bademantel. Valentina hat Espresso und Zigaretten aufs Zimmer bestellt.

Es ist Nachmittag, und wir sehen, wie sich die Promenade langsam mit Schaulustigen füllt. Von hier oben betrachtet ist es ein armseliges Gewusel. Nichts, wovon man Teil sein möchte. Auf dem Balkon gefällt es mir definitiv besser, und ich schäme mich mit einem Mal, dass ich drei Wochen lang so versessen darauf hingearbeitet habe, an diesem Ort zu sein. Um mich mit anderen Touristen über die Promenade zu schieben, an Hotelfassaden emporzuschauen, ob hinter dem Vorhang nicht eine Prominase zu entdecken wäre.

Aber das alles gehört noch zum guten Teil dieser Episode.

Der schlechte: Ich bin gerade gefeuert worden. Ich befinde mich fast zweitausend Kilometer von zu Hause entfernt und habe noch ganze dreißig Euro in der Tasche. Ich habe am Abend zuvor erst mit reichen Russen auf der Playboy-Party am Hafen getrunken, dann mit anderen reichen Russen auf einer exklusiveren Party auf einem Boot. Nachdem sie herausgefunden hatten, dass ich kein Journalist und nicht einmal Drehbuchautor war, hätten sie mich fast vom Boot werfen lassen. Und dann, ja dann, wurde die Geschichte richtig seltsam.

»Wie, seltsam?«, fragt Valentina.

Ich stehe auf und lehne mich über die Balkonbrüstung. »Polizei, Ärger, Missverständnis«, zähle ich auf. »Zorn, Verachtung, Wut, Hass. Solche Sachen. Biblischer Scheiß.«

Valentina nickt.

Aber vielleicht sollte ich es so sehen: Ich bin hier in dem schönen Hotel und kann erst einmal eine ruhige Kugel schieben. Ich weiß nicht, woher Valentina so viel Kohle hat, aber vielleicht könnte ich mir mit ihrer Unterstützung in den nächsten zwei oder drei Tagen Klarheit über meine Lage verschaffen und einen Plan für die kommenden Wochen aufstellen. Punkt 1: Geld reinholen.

Valentina steht auf und geht ins Bad. Ich höre sie klimpern, dann schaut ihr Kopf hinter der Tür hervor. »In einer Stunde musst du gehen.«

»Ich muss gehen?«

»Ich bin verabredet. Wichtiger Termin. Wenn du also noch deine Geschichte erzählen willst, dann solltest du jetzt anfangen.«

So läuft es meistens. Das ist gar nicht schlimm, denke ich. Man muss sich nur daran gewöhnen. Ich nehme mir eine Zigarette aus der Schachtel und reiße den Filter ab, klemme mir die Kippe in den Mundwinkel. »Wer bin ich?«

»Albert Camus«, sagt sie. »Nicht schlecht.«

Nicht schlecht. Ich schaue mir das Meer an, wie die tausend weißen vor der Küste ankernden Boote faul wippen.

»Ich gebe dir einen Tipp«, sagt Valentina, den Kopf wieder hinter der Tür. »Fang am besten ganz vorne an. Sag mir einfach, wie das Ganze losging.«

Ich muss gar nicht groß überlegen. Eigentlich ging es damit los, dass ich dringend einen Job brauchte.

Ganz vorne, das bedeutet drei Wochen zuvor, in einem Industriegebiet bei Leipzig.

»Eigentlich bin ich ja Chemiker«, sagt Dr. Kleinschmidt, an dessen Brust ein Sticker klebt mit der Aufschrift *Dr. Kleinschmidt, Projektleiter.* »Ich kann Ihnen gerne erklären, über welche Umwege ich hier gelandet bin, aber das wäre vielleicht für uns alle zu langweilig.«

Gute Idee, denke ich und fünfzehn andere Typen, die an diesem Maimorgen verschlafen im Büro von Dr. Kleinschmidt sitzen. Seit dem Fiasko an der Autobahn habe ich mich mit wirrem Kleinkram über Wasser gehalten und sogar ernsthafte Versuche unternommen, das Studium noch auf die Reihe zu bekommen. Aber irgendwann war klar, dass ich wieder was machen muss, wo ich reichlich Lux abbekomme. Am besten etwas, wo ich ellenlang am Stück arbeite, kein Klein-Klein, kein Aushilfsgekasper, sondern richtig ranklotzen und dann für den Rest des Sommers entspannt durch die Tage segeln.

Die guten Feen von der Uni-Jobbörse kannten mich schon von etlichen Besuchen in ihrem kleinen Büro gegenüber dem Operngebäude in Leipzig. Als ich also am Morgen dort reinschlurfte, um mich nach Jobs zu erkundigen, hielt mir eine Mitarbeiterin einen Zettel mit einer Stellenbeschreibung hin. Dazu sagte sie die magischen drei Sätze, die du auf jeden Fall hören willst, wenn du kein Geld hast, Mitte zwanzig bist und mitten im Semester steckst: 1) »Sie können ja Französisch.« 2) »Einen Führerschein haben Sie doch auch, oder?« 3) »Ach ja: Es geht schon heute los.«

Schon zwei Stunden später saß ich an der Endhaltestelle der Straßenbahn 9 in einem dieser Zweckbauten, die man mal hochgezogen und dann gleich wieder vergessen hat. Nun lausche ich Dr. Kleinschmidt, der eigentlich Chemiker ist, uns heute aber erklären wird, wie wir Sofort-Fotodrucker aufbauen und installieren.

»Ist kein Hexenwerk«, sagt er, um uns zu beruhigen.

Wir sehen einander an: Keiner von uns hatte erwartet, dass es irgendwie schwierig werden könnte. Ein Hexenwerk ist so ziemlich das Letzte, womit wir gerechnet hatten. Wir sind alle aus drei Gründen hier: 1. Frankreich. 2. Auto fahren. 3. sofort anfangen, Vorschuss in der Tasche.

Dr. Kleinschmidt steht am Flipchart und betrachtet die Anleitung, wie man einen Fotoautomaten mit direkter Druckfunktion zusammenbastelt.

»Hmmm«, sagt er. »Ist eigentlich ganz einfach.«

Der Mann ist über fünfzig, trägt eine dicke Brille und eine Jeans, die so aussieht, als hätte er dafür einen Fahrschullehrer überfallen. Darüber ein kariertes Hemd, das er offen trägt. Unter dem Hemd ein T-Shirt mit dem Aufdruck *Großglockner.*

Wir warten, aber vorerst kommt nichts mehr von Dr. Kleinschmidt. Früher mit Festanstellung in einem DDR-Chemiebetrieb, heute als freier Projektleiter dafür verantwortlich, dass vom Leipziger Industriegebiet aus binnen sechs Wochen alle Drogerien in Frankreich mit modernen USB- und Bluetooth-fähigen Fotoautomaten versehen werden. Ein Vorhaben, für das er die Crème de la Crème der Leipziger Studenten um sich geschart hat, ausgestattet mit Französischkenntnissen und Führerschein, Typen, die es vertragen können, wenn sie sich von heute auf morgen mitten im Semester per Kleinlaster eine Auszeit gönnen.

Dr. Kleinschmidt steht mit offenem Mund am Flipchart. Auf der Skizze tausend kleine Pfeile, Ziffern und Abkürzungen. Es sieht aus, als wäre ihm mit einem Mal selber der Wahnwitz dieser Veranstaltung bewusst geworden. Fitzcarraldo im Leipziger Norden. Ein Schiff durch den Urwald ziehen ist nichts dagegen.

»Vielleicht«, meldet sich einer aus der letzten Reihe und zeigt schüchtern auf die Anleitung, »vielleicht wenn man das Kabel F zuerst durch die Seitenwand B führt?«

Dr. Kleinschmidt nickt stumm und mit toten Augen.

Noch vor dem Mittag haben wir es gemeinsam geschafft, ein Modell des Geräts zusammenzubauen. Es ist wirklich nicht so schwierig, wenn man es ein paarmal gemacht hat. Man muss nicht unbedingt Elektrotechnik studieren, auch wenn das enorm dabei hilft, wie uns einer erklärt, der Elektrotechnik studiert.

»Ach, was«, sagt Dr. Kleinschmidt und kann sogar wieder lächeln. »Ist kein Hexenwerk, Jungs.« Er wedelt mit dem Handbuch.

Das werden wir in den nächsten Wochen zehn oder zwölf Mal am Tag machen, oft genug, um Übung zu bekommen. Der Plan ist, dass uns allen eine Route durch Frankreich zugeteilt wird, wir von Pharmacie zu Pharmacie fahren, das Ding vor Ort aufbauen, den Geschäftsführern zeigen, wie der Hase läuft, und zur Bestätigung eine Unterschrift erhalten. Zwischendurch geht es immer wieder nach Paris, wo wir den Wagen bestücken und uns neue Touren geben lassen, so lange, bis auch die Menschen in der hinterletzten Drogerie in Clermont-Ferrand im Zentralmassiv sich direkt und sofort Fotos von ihren Katzen ausdrucken lassen können. Jeder Franchisepartner von bestimmten Pharmacie- und Drogerieketten wurde von der Zentrale dazu verpflichtet, so ein Gerät aufzustellen. Und irgendwie ist Dr. Kleinschmidt in Leipzig an den großen Auftrag rangekommen, und damit auch wir. Dafür sollen wir bezahlt werden. Ich kann in allen Gesichtern Vorfreude erkennen. Die Aussicht, mitten im Semester sinnvoll zu wirken, ist jedem ins Gesicht geschrieben.

»Aber erst«, sagt Dr. Kleinschmidt, »will ich Ihre Führerscheine sehen. Und dann machen wir einen Fahrtest. Und dann gibt's Kaffee. Und dann nichts wie rauf auf die Autobahn mit Ihnen. Mit euch«, korrigiert er sich.

Seit wir ihm beim Zusammenbauen gemeinschaftlich den Arsch gerettet haben, duzt er uns. So ein Projekt schweißt ungemein zusammen.

Wenig später stehen wir draußen auf dem Hof, wo fünfzehn Kleinlaster geparkt sind – alle frisch von der Autovermietung, weiß und glänzend. Dr. Kleinschmidt holt uns einzeln zu sich heran, um uns Schlüssel und Routenpläne auszuhändigen, außerdem möchte er überprüfen, ob wir erfolgreich ein- und ausparken können.

Neben mir steht ein dünner Typ mit Vollbart. »Scheiße«, sagt er. »Ich hab noch nie mit so einem großen Ding eingeparkt. Hast du einen Trick?«

»Klar«, sage ich. »Du musst dir alle Leute nackt vorstellen.«

»Hey, leck mich.«

»Ach was. Das packst du schon.«

»Stimmt. Eigentlich muss ich mir nicht so übertrieben Sorgen machen.« Er schüttelt den Kopf. »Dieses Jahr hatte ich noch gar keinen Unfall.«

Kurz hinter Wiesbaden geht die Sonne langsam unter, und im Radio kommt eine Sendung, bei der die Leute anrufen und von übersinnlichen Erlebnissen berichten können, die ihnen widerfahren sind. Eine Frau berichtet von ihrer Nahtoderfahrung, komplett mit Out-of-Body-Experience, heftiger Kram. Die Frau ist von ihrem Bericht ganz aufgewühlt. Ich habe den Eindruck, dass der Moderator sie verarscht, daher wechsle ich zu einem anderen Sender, wo gerade Madonnas neues Album besprochen wird. Lass die Frau doch in Ruhe, denke ich. Was ist das für eine Strategie? Erst die Spinner ködern und sich dann über sie lustig machen, wenn sie tatsächlich aus ihren Löchern kriechen? Nicht fein.

Dann lässt der Verkehr nach, und es wird mit einem Schlag dunkel, von Dämmerlicht zu stockdunkler Nacht in gefühlt zehn Sekunden. Autobahn bei Nacht. McDonald's, Shell, Spielhallen an der Ausfahrt. Nur einer rauscht mit vierzig Fotoautomaten im Gepäck durch Württemberg.

Ich schalte zurück zu den übersinnlichen Erlebnissen. Der Moderator fragt: »Was ist Glück?«, und ich weiß, dass es spät sein muss, wenn man im Radio ganz ohne Werbejingles oder Gewinnspiele so eine Frage stellt. Ich bin kurz vor der Grenze nach Frankreich und muss mich allmählich nach einem Motel umsehen, um morgen hinter der Grenze frisch und ausgeschlafen Kabel T an der

Seitenwand B entlangführen und den Fotoautomaten zum Laufen bringen zu können.

Es ist kein anderer Wagen mehr auf der Straße. Mondklare Nacht. Eine Frau, die nach Vietnam und Thailand gereist ist, erzählt dem Moderator, dass sie im Urlaub so richtig glücklich gewesen sei, und der Moderator sagt hingerissen: »Jaaaa suuuper. Wahnsinn. Super«, als wäre die Frau die Erste, die auf die Idee kam, Vietnam und Thailand als Reiseziele zu wählen. Ich drehe das Radio lauter und höre mir noch ein bisschen an, was Glück ist.

Erst amüsieren mich die Urlaubsberichte und Sonntag-Vormittag-mit-Milchkaffee-im-Bett-Fantasien der Anrufer, dann nerven sie mich, dann bringen sie mich dummerweise dazu, mir selber Gedanken darüber zu machen, was Glück bedeutet.

Gib mir eine schwarze Straße. Gib mir ein schwarzes Auto, in dem ich abends rumfahren kann, ein gutes Paar schwarze Schuhe, ein iPhone mit 64 GB und ohne SIM-Lock. Gib mir das, behalt alles andere. Es ist so einfach. Lass *Sinn* stecken, geh mir mit *Erholung* weg, und fang ja nicht mit *Erfüllung* oder so an. Mehr brauche ich nicht. Lass mich auf dem Weg zu einer Frau sein. Gib mir eine Frau, von der ich gerade komme und die mir zum Abschied mit den Fingern durch die Haare fährt. Gib mir ein spaltweit geöffnetes Fahrerfenster. Gib mir ein bisschen was zu tun, das angemessen schwierig ist. Gib mir immer Geld, um zum richtigen Friseur gehen zu können, nicht zum Serben am Hauptbahnhof. Lass mich niemals müde werden, immer nur verkatert sein. Das ist ein wichtiger Unterschied, den man begreifen muss. Alles schlichte, klar definierte Einzelwünsche, zusammen begriffen aber eine mächtige leuchtende Glücksvorstellung.

Ich sitze hinterm Lenkrad und navigiere so durch ländliches Gebiet, und mir fallen keine weiteren Punkte für meine Glücksliste ein.

Anderen schon: »Was ist Glück?«, fragt der Moderator erneut, und alle Leitungen sind belegt. Bitte niemand mehr anrufen. Alle kennen die Antwort. Ist offenbar gar nicht schwierig.

Das letzte Mal, dass ich ein Werkzeug in der Hand hielt, war auf der Autobahn zwischen Leipzig und Magdeburg. Damals war ich vom Udo-Spezial-Drink derart außer Gefecht gesetzt, dass ich mich heute beim besten Willen nicht daran erinnern kann, wie ich mich dabei angestellt habe.

Das fällt mir ein, weil ich zum ersten Mal seit Urzeiten wieder einen Schraubenschlüssel in der Hand halte – und mir jemand dabei über die Schulter guckt. Ein dünner Mann über sechzig, graue Haare, weißer Kittel. Einer, der das Berufsbild Pharmazeut und Drogist verdammt ernst nimmt. In seinem Laden ist alles aus Holz. Tausend Schubladen aus Holz, Regale aus Holz, die Produkte akkurat eingeräumt, eine holzgerahmte Urkunde an der Wand: *Fabian Delorme, Pharmacie, Metz*. Und jetzt bekommt er das einundzwanzigste Jahrhundert vom netten Studenten frei Haus geliefert.

Monsieur Delorme steht etwa zwanzig Zentimeter hinter mir, ich höre ihn atmen.

»Brauche ich dafür eine besondere Steckdose?«, fragt er und zeigt an die Wand.

Ich sehe ihn an. Ein freundliches, leicht verwirrtes Gesicht. Keine Spur von Boshaftigkeit. Niemand, der dir den Finger unter die Nase hält. »Nein, nein«, sage ich. »Eine normale Steckdose reicht vollkommen.«

»Ah«, sagt er. Ich warte darauf, dass er gleich seine Freunde anruft, um Bescheid zu sagen, was hier passiert. Falls er ein Telefon hat.

»Ah«, sagt er, während ich die Platine und das CD-Laufwerk in den dafür vorgesehenen Steckplatz F schiebe. »Aha«, sagt er, als ich die Kabel im hinteren Teil des Geräts verstaue und nur den Netzstecker frei lasse. Ich warte darauf, dass der Typ endlich mal einen Kunden bedienen muss, aber es kommt offenbar niemand. Metz ist ein verdammt verschlafenes Nest, ein Städtchen auf halber Strecke zwischen deutscher Grenze und Paris. Den Leuten scheint es gut zu gehen. Gesunde, kräftige Kleinstadtmenschen, die keine Vitamintabletten oder Aspirin brauchen.

Mit der Handfläche glätte ich die Konstruktionsanleitung, als könnte mir das eine Art Hoheit verleihen, und Delorme nickt einverstanden.

Zum Schluss schraube ich die Seitenwände fest. Ich kann mir beim besten Willen nicht vorstellen, dass der Fotoautomat funktioniert, auch wenn ich alles so gemacht habe, wie es in der Anleitung steht. Dann schalte ich den Automaten ein, und natürlich passiert gar nichts. Kein surrendes Geräusch, wie wir es in Leipzig im Industriegebiet bei unseren Versuchen gehört haben.

»Sind Sie sicher, dass ich keine spezielle Steckdose brauche?«

Ich frage Monsieur Delorme, ob ich ein Glas Wasser haben könnte. Ich schwitze. Das alles dauert unsäglich lange. Allein in Metz muss ich noch in fünf weitere Drogerien, und ich erinnere mich, dass auf meiner Liste noch unzählige andere Orte stehen, die dringend einen Fotoautomaten brauchen.

Delorme schlappt in den hinteren Teil seines Geschäfts, und ich nehme den Automaten wieder auseinander. Ganz klar: Wenn es nicht klappt, dann verlasse ich den Laden und werfe den Job über Bord. Dann rufe ich in Leipzig an und verrate denen, wo sie den Mietwagen finden. Das ist es nicht wert. So kann ich die nächsten sechs Wochen nicht verbringen.

Delorme kommt zurück, als ich die Kiste gerade wieder zusammenschraube. Ich schütte das Glas Wasser hinunter und drücke den großen blauen »On«-Knopf. Delorme beobachtet mich, was nachvollziehbar ist. Bei dem ist nichts los, und so einen zitternden Studenten bekommt er sicher nicht alle Tage vor die Nase. Als ich den Finger von der Taste nehme, flackert der Bildschirm auf. BIENVENUE steht da in großen Buchstaben.

»Bonjour«, sagt Monsieur Delorme erfreut.

Kein Hexenwerk, denke ich mit der triumphierenden Stimme von Dr. Kleinschmidt und sage: »Hier ist alles. Steckplätze für USB, Bluetooth …«

»Was ist das? USB?«

»Das ist ein Stecker zur Datenübertragung.«

»Aaah?« Delorme ist sich offenbar zum ersten Mal nicht sicher, ob er es an der richtigen Stelle sagt. »Und das andere?«

»Bluetooth? Das ist eine Art der Near Field Communication, mit der zwei Geräte … äh …«

Delorme schaut mich mit einer Mischung aus Entsetzen und Unverständnis an. Ich sehe mich dem Mann die nächsten vier Stunden Begriffe und Menüs erklären, die er nie und nimmer verstehen wird. Das war's. Ich werde am Ende des Tages Dr. Kleinschmidt anrufen und ihm sagen müssen, dass ich eine einzige Drogerie geschafft hätte, und Dr. Kleinschmidt wird sich fragen, wieso er um Himmels willen auf Projektmanager umgeschult hat, in diesen verrückten heutigen Zeiten.

Leise sage ich: »Ich werde jetzt gehen.«

»Machen Sie das«, flüstert Delorme geschlagen.

Ich packe zusammen, Delorme verschwindet nach hinten, um den Lieferschein und die Schulungsbestätigung zu unterschreiben. Ich verstaue meinen kleinen Metallkoffer mit den winzigen Schraubenziehern und Phasenprüfern draußen im Wagen. Auf dem Koffer steht *Profi* in erhabenen Lettern. Ich pfeife. Dann sehe ich Delorme mit den Zetteln in der Tür stehen, und ich renne hinüber, um mir die Papiere zu krallen und abzuhauen. Nur noch fünf Läden, und dann nichts wie weg aus diesem Nest.

»Ah«, sagt Monsieur Delorme mit einem unsicheren Lächeln, »ich kann das hier nicht unterschreiben. Ich würde ja, aber hier steht, dass ich mich mit dem Gerät auskenne. Aber was, wenn ich Kunden habe, die Fragen haben ...«

Ich sehe Delorme an, wie er mit meinem Lieferschein und der Schulungsbestätigung in der Hand wedelt. Ich bin stärker als er, jünger. Für einen Moment habe ich den Impuls, ihn durch seine Pharmacie zu schleifen und ihn zu zwingen, die Dinger zu unterschreiben. Es würde ja keiner sehen.

Ich sage: »Monsieur Delorme, wir wissen doch beide, dass niemand das Gerät benutzen wird.«

»Ah, nein?«

Ich will sagen: Nein. Nie. Nicht ein einziges Mal. Niemand kommt in Ihren Laden. Vielleicht eine Mutter, die fragt, ob ihr Kind die Toilette benutzen darf. Vielleicht noch ein alter Mann, der Schnupfen hat. Stattdessen sage ich: »Das ist doch nur ein kostenfreier Service. Sie müssen das Gerät annehmen, das schon, aber ob Sie es am Ende tatsächlich hier stehen haben, ist ganz Ihre Entscheidung.« Ich komme näher an ihn ran: »Und wenn doch einmal jemand fragen sollte, was sagen Sie dann?«

Delorme rätselt. »Ich sage was?«

»Dann sagen Sie einfach, dass Sie nicht die richtige Steckdose hätten.«

Der kleine Schatten, der eben noch auf Delormes Gesicht lag, ist wie weggeblasen. Ein Lächeln zieht sich über das ganze Gesicht. Der Mann zückt einen Füller aus der Kitteltasche und unterschreibt mir beide Zettel, und ich sitze schon im Wagen und habe den Fuß auf dem Gaspedal, als er die letzte Silbe von »Au revoir« über die Lippen bringt. Delorme winkt, und ich hupe zum Abschied.

Ich bin mir sicher, dass er den Automaten gleich in den Container getragen hat.

Nach Delorme ist die restliche Fahrt nach Paris ein Selbstläufer. Ich finde heraus, dass man ein paar Schritte in der Anleitung überspringen oder miteinander verbinden kann, und das beschleunigt die Installation der Fotoautomaten ungemein. Was sich aber nicht ändert, ist die Seltsamkeit der Pharmazeuten und Drogisten. Wahnsinn, was für ein Beruf. Wenn du im ländlichen Frankreich eine Drogerie führst, dann bist du per Dekret ein Schrat. Über fünfzig, der Gegenwart hoffnungslos hinterher, privat mit Weste bekleidet – es zeichnet sich schnell ein stimmiges Profil ab. Ich hätte gerne mal einen Kongress erlebt, auf dem die alle zusammenkommen und sich über falsche Steckdosen oder andere Phänomene austauschen.

Ich verbringe die ersten vier Tage der Woche abwechselnd auf der Straße, in Drogerien bei Schraten und in Formule-1-Hotels, wo ich abends *CSI: Miami* auf Französisch oder Beachvolleyball gucke und schnell einschlafe. Das ist schon monoton, und schnell kommt mir der Gedanke, dass es doch nett wäre, jemanden dabeizuhaben, mit dem man die besten Drogisten nachahmen könnte.

Am Donnerstag der ersten Woche erreiche ich Paris, meine erste Route habe ich damit absolviert. Ich habe keinen einzigen Automaten mehr im Wagen. Ich finde die Lieferscheine, zähle sie durch und bin überrascht, dass ich innerhalb von drei Tagen tatsächlich über dreißig Drogerien abgehakt habe.

Im Norden von Paris, nicht weit vom Parc des Princes, befindet sich die Lagerhalle, in der ich eine neue Route und neue Automaten bekommen soll.

Ich rolle auf das Gelände und stelle den Wagen ab. Ich streune ein bisschen durch das Lager, wo sich Kisten stapeln, dann höre ich eine Stimme hinter mir: »Willst du hier etwa eine brennende Zeitung reinwerfen?«

Ein Typ, so breit wie kurz. Schwarze Stoppelhaare, der Ansatz geht fast bis zu den Augenbrauen. Goldkette. Im Gesicht ein gemeiner Zug, obwohl das vielleicht eine vorschnelle und unfaire Einschätzung ist, aber er hat nun mal ziemlich düstere Augenbrauen. Eine

Hand ruht auf einem Stapel Kisten, wie um zu zeigen, dass er sie als Erster entdeckt und für sich reserviert hat. Zu seinen Füßen liegt ein großer Hund, der hechelt und auf den Betonboden sabbert.

Ich erkläre ihm, wer ich bin und was ich will, und der Typ fängt an zu blinzeln und mich intensiv zu mustern, als hätte Dr. Kleinschmidt ihm ein Fax mit meinem Fahndungsfoto geschickt, das er nun vor seinem inneren Auge mit meinem Gesicht abgleicht.

»Das kann aber gar nicht sein«, sagt er.

»Wieso?«

»Ihr werdet erst am Sonntag erwartet. Und heute ist Donnerstag.«

»Aber ich bin mit meiner Route fertig. Der Wagen ist leer.«

»Hast du unterwegs was verloren? Was verkauft?«

»Auf keinen Fall«, sage ich und hebe die Hände, um zu beweisen, dass ich keine Geldscheine in den Händen halte, die mir von Verrückten zugesteckt wurden, um an den heißesten Scheiß auf dem Fotoautomatensektor ranzukommen.

Der Typ ist sich nicht sicher, ob er mir glauben soll. »Und du kommst aus Deutschland?«

Ich zeige nach draußen, wo der Lieferwagen mit deutschem Kennzeichen steht.

»Komm mal mit«, sagt er und führt mich und den Hund durch ein Labyrinth aus Paletten und Kisten. Er dackelt vorweg und zeigt um sich. »Ihr wart erst am Sonntag erwartet«, sagt er noch einmal, als hätte er bis Sonntag den ganzen Krempel aufgeräumt und Kaffee mit Erdbeerkuchen für uns bereitgestellt.

Eine flirrende Atmosphäre ganz ohne Geräusche. Eine irre Stille in der Lagerhalle. Das Ganze fühlt sich an, als würde irgendwo ein Freund von ihm warten, der gleich mit einem Bleirohr hinter einer Kiste hervorspringt und mich in die Mangel nimmt.

Sein Büro befindet sich unter dem Dach der Lagerhalle. Wir steigen eine kleine Holztreppe hinauf, die unter seinem Gewicht ächzt.

»Nimm Platz«, sagt er und zeigt auf einen Stuhl, auf dem Verträge und Papiere liegen. »Leg das Zeug einfach auf den Boden. Das sortiere ich nachher«, lügt er.

Er setzt sich und greift unter den Schreibtisch, fummelt dort herum. Dann legt er einen Revolver auf den Tisch. Seit dem Gewehr auf Jims Golfclub habe ich keine Waffe mehr gesehen, und ich muss sagen, für mich ist das ein kleines Ereignis. Mein Gesicht wird gleich wieder taub, Andenken an erlittene Rückschlag-Physik, ich muss an Sara denken und frage mich, wo sie wohl gerade ist, was sie sich wohl überlegt hat.

Der Typ runzelt die Stirn und betrachtet mich, dann folgt er meinem Blick zum Revolver, die neben seiner rechten Hand liegt, als müsste er mühsam eins und eins zusammenzählen. Erst nach ein paar Sekunden klart sein Gesicht auf. »Stör dich nicht an dem Revolver. Das ist eine alte Angewohnheit von mir. Ich bin ja alleine hier. Und du hast keine Ahnung, mit was für Spinnern ich es zu tun habe ... Was meinst du, was passiert, wenn hier jemand eine brennende Zeitung reinwirft ...«

Ich kann den Blick nicht von dem Revolver lassen. Er sieht uralt aus. Rostig. Bestimmt aus dem Zweiten Weltkrieg, wahrscheinlich hat der Typ den beim Graben im Gemüsebeet gefunden. Dann schiebt er ihn zur Seite, neben seine Schreibtischunterlage, und betrachtet den Wandkalender.

Ich sollte den Satz sagen: Sie haben ja keine Ahnung, mit was für Spinnern ich es zu tun habe. Schon immer zu tun hatte. Aber ich halte mich zurück.

Er zeigt auf den großen Wandkalender. »Da siehst du es: Sonntag.«

Der Mann ist zufrieden, weil er mit dem Finger auf ein paar unleserliche Buchstaben in einem kleinen Kalenderquadrat tippen kann, die alles bedeuten könnten. Er wartet auf eine Reaktion, aber ich kann dazu nichts sagen. Ich bin jetzt nun mal hier. Dann sagt er: »Was soll's. Du bist jetzt nun mal hier. Ich bin Muraff. Mit Doppel-F. Willst du einen Kaffee?«

Ich sehe mich um. Das Durcheinander habe ich definitiv schon einmal gesehen. Es ist wie eine Reise zurück in die Zeit, als ich in Saïds Hinterhofbüro saß. Wenn man Männern bei der Inneneinrichtung alle Freiräume lässt, muss man am Ende immer Zettel und Papiere auf den Boden legen und aufpassen, dass man sich nicht in einen Aschenbecher mit einem Rest Kaffee setzt.

Muraff sagt, dass er sich überhaupt nicht erklären könne, wieso ich schon da bin.

Ich will ihm nicht gestehen, dass meine Fotoautomaten in der Regel aussehen wie das digitale Äquivalent zu Frankensteins Monster, oder dass ich den meisten Drogisten nur den »On«-Knopf zeige, warte, bis BIENVENUE über den Bildschirm flackert, und dann die Beine in die Hand nehme. Aber das scheint Muraff sich in seinem Lageristenhirn gerade selber zusammenzureimen. Mit einem fetten Grinsen schiebt er mir die Kaffeetasse mit dem Aufdruck BOSS zu. »Am Ende zählt nur, dass du da bist«, sagt er.

»Und die Ware beim Kunden«, ergänze ich.

Darauf prosten wir einander schweigend zu. Es ist ein feierlicher Moment. Wir lauschen dem Hecheln des Hundes, der sich in die Ecke gelegt hat. »Das ist Louis«, sagt Muraff. Ich nicke. »Ein guter Name.«

Muraff steht auf und kramt in einer Schublade herum. Er zieht ein paar speckige Zettel hervor, die er auf dem Schreibtisch zwischen uns ausbreitet. »Dann such dir mal die nächste Route aus. Wer zuerst kommt ... weißt du ja.«

Ich betrachte die einzelnen Routen. Da wäre der Norden an der belgischen Grenze. Normandie. Die Gegend um Bordeaux. Das Zentralmassiv. Durch die Schweiz. Ganz hinten sehe ich eine Route eingezeichnet, die an der Mittelmeerküste entlangführt, was mir sofort Gänsehaut verursacht.

Es ist Frühsommer. Ich habe seit Jahren kein Meer gesehen. Ich bin nicht mal besonders scharf auf das Meer generell, nichts lockt mich an den Atlantik, die Nord- oder Ostsee. Die können mir gestohlen bleiben, das sind feindliche Riesen mit eisigem Wind, die man besser meidet. Aber mit dem Mittelmeer kannst du mir jederzeit kommen. Ich weiß, dass sich im Frühsommer der gesamte Jetset an der Côte d'Azur positioniert. Ich weiß, dass da die Filmfestspiele stattfinden. Es könnte sogar sein, dass die dortigen Drogisten normale Menschen sind.

Mein Herz fängt ein bisschen an zu flackern vor Aufregung. Ich sehe es vor mir. Frauen mit Hüten. Warum Hüte?, frage ich mich, bin jedoch schon beim nächsten Bild: dicke Autos, die über die Promenaden cruisen, während ich am Strand liege und die Fotoautomaten bei 35 Grad in ihren Kartons auf Nimmerwiedersehen zerschmelzen. Reiche Mädels in Bikinis. Reiche Typen, die dich ihre Ferraris fahren lassen, weil sie zu hinüber sind, um sich selbst ans Steuer zu setzen. Ich habe spezielle Vorstellungen vom Mittelmeer – eine wilde Mischung aus *Miami Vice* und *Ferien auf Immenhof*.

Vor Muraff tue ich so, als müsste ich mir die Entscheidung gründlich überlegen. Dann tippe ich auf die letzte Route.

»Netter Versuch«, sagt Muraff und ascht sich ein Lächeln aus dem Mund. »Aber die hat mein Sohn für sich reserviert. Der steigt in drei Wochen bei euch mit ein. Als Fahrer. Du kannst dem ja dann beibringen, wie man den Auftrag so schnell erledigt.«

»Muraff«, sage ich. »Das kann nicht dein Ernst sein.«

»Na ja«, sagt er. »So ist das Geschäft.«

Ich sehe ihn an.

Es wirkt. Er senkt den Blick. »Die Läden können erst in drei Wochen beliefert werden. Du nimmst dir jetzt erst mal eine andere Route, und wenn du schneller wieder da bist als die anderen, dann schauen wir mal.«

»Muraff«, sage ich.

Er kramt seine Papiere zusammen und gibt mir eine Route durch die Provence. Die anderen Zettel faltet er und steckt sie in die Schublade. Dann nimmt er seinen alten Revolver vom Schreibtisch, dreht ihn in der Hand, entriegelt und bläst in den Lauf. Es sieht fast professionell aus. Dann legt er ihn wieder unter den Schreibtisch. »Hier laufen jede Menge Verrückte rum«, sagt er und kratzt sich am Kopf.

Louis steht in seiner Ecke auf und schnuppert mir am Po, dann dreht er sich zweimal um die eigene Achse und legt sich wieder hin, als wäre das schon mehr, als er vertraglich verpflichtet ist zu leisten.

Obwohl es heißt, dass Schlafentzug den seelischen Tod eines Menschen bedeutet, bekomme ich – nachdem ich seit über zwei Tagen nicht geschlafen habe – gerade Panik.

Ich stehe mal wieder an einer Landstraße, diesmal in der Provence, in einem braunen, wie gebacken aussehenden Landstrich, heiß und staubig. Hinter einem Hügel geht gerade eine mächtig rote Sonne unter, die den Himmel über dem weiten Land feuerhell entflammt. In der Ferne zwei Bauernhöfe mit Pinienhainen, die lange Schatten werfen. Und ich pinkle an den Straßenrand, hinter mir der Van, den ich auf dem Standstreifen notgehalten habe, weil ich keine Flasche mehr finden konnte, in die ich während der Fahrt hätte pissen können.

Ich sehe mich um. Es ist das erste Mal, dass ich die Landschaft wahrnehme. Ein verdammt übertriebener früher Sommer. Ich bin ein Mann der Nordhalbkugel und der wilden, schneeverwehten Winter. Für mich ist das hier spektakulär. Ich kann mit einem Mal quasi am eigenen Leib nachvollziehen, warum Leute auf Nimmerwiedersehen aus Montreal abhauen, kulturelle Vielfalt und Zweisprachigkeit hin oder her. Sonne. Wärme. Licht. Mehr braucht man nicht. Ich betrachte die Landschaft, und mir fallen beim Pinkeln fast die Augen zu. Vor meinem geistigen Kalender zähle ich zurück, wann ich das letzte Mal geschlafen habe. Im Van kullern vorne bestimmt zwanzig Dosen Red Bull herum, was mir in manchen Kurven mittlerweile Magenschmerzen bereitet, weil schon eine unter das Bremspedal gerollt ist, die ich zum Glück rechtzeitig wegtreten konnte, bevor ich bremsen musste. Ich muss eigentlich kaum noch bremsen, höchstens vor den Drogerien. In der Regel bin ich außerhalb der Ortschaften unterwegs, und da reicht es, wenn man sanft vom Gast geht und fein in die Kurven segelt. Spart auch Benzin.

Wenn in der Nacht meine Augen anfangen zu flackern und ich vor Müdigkeit nicht mehr den Straßenrand von der Fahrbahnmitte unterscheiden kann, dann weiß ich, was zu tun ist: Ich fahre rechts ran und suche mir einen schönen Parkplatz. Dann setze ich mich hinten in die Ladekabine, mache das gelbe Lichtchen an der Decke an, reiße mir eine Dose Red Bull auf und baue die Automaten zusammen, einen nach dem anderen. Ganz vorsichtig. Dann verstaue ich sie in den Kisten, schön ordentlich. Wenn am nächsten Morgen Doktor Seltsam mit dem Schlüssel vor seiner Provinz-Pharmacie steht und den Laden für einen weiteren Tag ohne Kunden aufsperrt, wer steht dann mit betriebsbereitem Hightech im Arm am Lieferanteneingang?

Der Student aus Deutschland.

»Bonjour«, wird der Drogist sagen, und ich habe den Stecker schon in der Wand, den Finger auf dem »On«-Button und die unterschriebenen Lieferscheine schneller in der Hand, als er »Das geht aber fix« sagen und sich die Brille auf die Nase schieben kann.

Die kleinen Orte mit grauen Steinhäusern wischen an mir vorbei, es ist Tag, und es ist Nacht, und ich kenne nur einen Sonnenaufgang: Wenn der »On«-Button gedrückt wird und das BONJOUR über den Schirm flackert wie eine besonders lebensspendende

Sonne, das anschließende »Aaah« der Drogisten, mein wissendes Nicken, mein Hinweis auf USB und Bluetooth, mein schon zurück im Wagen gesprochenes »Au revoir«.

Denn eins ist klar: Ich werde ans Mittelmeer fahren. Koste es, was es wolle. Muraffs Sohn soll in den Ferien was Normales machen. Das Lager aufräumen. Mit Louis Gassi gehen. Mit dem Revolver um die Halle schleichen und Spinnern auflauern, die an die prall mit Bullshit gefüllten Kartons wollen, die daran denken, eine brennende Zeitung in die Bude zu werfen. Die Mittelmeerroute ist ein Spezialauftrag für jemanden, der schon ein bisschen länger dabei ist, die Ecken und Kanten des Fotoautomaten-Business in- und auswendig kennt und sich am Ende in Cannes bei den Filmfestspielen mit ein bisschen Glamour belohnen darf.

Ich stehe also am Straßenrand in dieser Ödnis, und da höre ich so ein Zischeln, das ich von irgendwo her kenne. Woher? Es ist nichts, was ich schon einmal im richtigen Leben gehört habe. Nichts, was ich wirklich kenne. Das Zischeln ist nah, und es klingt ziemlich schnell ziemlich ungut.

Es ist Fernsehwissen, Tiersendungswissen, Jahrmarkt-Reptilienschau-Wissen, was da in mein Hirn funkt und einen ganzen Cocktail an Angsthormonen ins Blut gießt. Ich schaue auf den Boden, und da kräuselt sich eine braune, ziemlich lange Schlange, keine dreißig Zentimeter von meinen Füßen entfernt.

Ich kann mich nicht bewegen. Das ist diese Art von Lähmung, von der Leute immer wieder im Fernsehen berichten. Oder, denke ich in meinem schlafentzogenen Hirn, sie hat mich längst gebissen, und ich bin vom Gift gelähmt.

Ein beherrschter Mensch würde vielleicht schnell das Bild der Schlange mit akquiriertem Wissen abgleichen: *Ist die giftig? Gibt es in der Provence überhaupt giftige Schlangen? Und wenn ja, wäre das Gift einer solchen Schlange tödlich?* Ein ganzes Ratterditatter an Gedanken. Ich dagegen habe bloß einen einzigen Satz im Kopf, der mir von innen an die Stirn klopft: Ich. Sterbe. Hier. Und. Jetzt. Ende.

Mit einem Mal habe ich ganz deutlich meinen Tod vor Augen: von der Otter in den Penis gebissen und zum Sterben in den Landstraßenstaub aufs Gesicht gekippt. Das wäre nicht mal verkehrt. In dieser friedlichen Gegend. Bei einem Wettrennen gegen Muraffs Sohn, der nichts davon ahnt und gerade Schulaufgaben macht oder im Freibad liegt. Es gibt sicherlich unnötigere, unehrenhaftere Arten des Ablebens.

Die Schlange kräuselt sich, wandert von links nach rechts und dann wieder von rechts nach links, dann haut sie ins nächste Gebüsch ab.

Ich gehe langsam rückwärts, Schritt für Schritt, öffne die Tür auf der Fahrerseite und leuchte mit der Taschenlampe erst einmal unter die Sitze, in die Seitenfächer, ins Handschuhfach. Man kann nicht vorsichtig genug sein. Das weiß auch Muraff, der in diesem Moment bestimmt auf seinen Kalender starrt und den Revolver putzt. Ich bin mir auf einmal bombensicher, dass er schon mal einen umgebracht hat. Ich bin mir außerdem sicher, dass es volle Kanne aus Versehen geschehen ist. Dass sich eine Kugel aus dem Lauf gelöst hat und Muraff plötzlich ein Mörder war, ihm selber unerklärlich, der ungeschickte, aber eigentlich herzensgute Muraff, der doch nur seine Paletten vor Spinnern schützen will. Dann starte ich den Motor und trete aufs Gas. Ich bin extrem wach.

Red Bull ist nichts gegen das Gefühl, dass man gerade dem Tod von der Schippe gesprungen ist. Ich fahre in die Dunkelheit, die sich über die Provence ausbreitet, und denke noch ein bisschen darüber nach, dass ich fast auf ziemlich kuriose Weise gestorben wäre. Ganz sicher gestorben. Die Provence ist bestimmt voll von Giftnattern und Kobras. Das ist die Hitze. Wird Zeit, dass ich ans Meer komme und den Schwurbelkopf mal ordentlich ins Wasser tauche.

Nur eine Person dürfte von diesem Tod am Straßenrand niemals erfahren: meine Mutter. Sie soll denken, dass ich beim Jurastudium an verletztem Gerechtigkeitssinn eingegangen bin.

Muraff streichelt sich den Bauch und sagt: »War doch nicht böse gemeint. Ich wollte nur sehen, ob du es ernst meinst.«
»Was soll das?«
»Coaching«, sagt Muraff überzeugt und schenkt sich Kaffee nach, während er mich dabei beobachtet, wie ich in seiner Lagerhalle meinen Van mit neuen Kisten belade. »Coaching.. Weißt du, was das ist? Das ist, wenn man Menschen zu Höchstleistungen pusht.« Muraff tippt sich an den Quadratschädel. »Mit Psychologie.«
»Totaler Quatsch«, sage ich. »Das hat nichts mit Psychologie zu tun. Sie wussten, dass ich darauf anspringen würde.«
»Wie eine zahnlose Nutte auf einen jungen Erben«, lacht er. »Du hättest dich mal sehen sollen. Ha!«
Muraff sortiert ein paar Lieferscheine und tut so, als hätte er mich vergessen, blinzelt mich aber aus dem Augenwinkel an. Der Mann ist immer misstrauisch – als würde ich gleich einen Wagenheber über dem Kopf schwingend auf ihn zukommen, um ihm zu zeigen, was ich von Psychologie halte.

Die Sache ist die, dass Muraff keinen Sohn hat. Zumindest keinen, der ebenfalls die Route fahren will. Zitat Muraff: *Nichts für ungut, aber denkst du, dass ich meinen Sohn so einen Job machen lassen würde? Der ist Logistiker, macht gerade ein Praktikum bei Hapag-Lloyd, mein Freund. So sieht es nämlich aus.*

Was Muraff allerdings hat, ist eine Beteiligung am Gewinn, wenn die Sache schnell über die Bühne geht und man die Lieferwagen früher an die Vermietungen zurückgeben kann und damit bares Geld spart – Geld, das über ein paar Umwege und mündliche Absprachen mit Dr. Kleinschmidt bei Muraff auf dem Schreibtisch im Norden von Paris landet und neben dem Revolver auf Nimmerwiedersehen in eine Schreibtischschublade wandert. Geld, das er nur bekommt, wenn er den ohnehin schon schnellen Mitarbeiter noch ein bisschen schneller arbeiten und ihn hinter der Karotte Mittelmeer herrennen lässt.

Ich will Muraff davon erzählen, dass ich nächtelang nicht geschlafen habe, höchstens zwei oder drei Stunden pro Nacht. Hinten im Wagen, auf den Kisten. Dass ich über jede rote Ampel gefahren bin, die mein übermüdetes Hirn rechtfertigen konnte. Dass kein Fotoautomat tatsächlich von mir mit der vorgeschriebenen Sorge getestet wurde. »Ich habe ja nicht einmal geprüft, ob Bluetooth funktioniert oder nicht«, sage ich.

»Bluetooth?«, fragt Muraff und verzieht das Gesicht. »Was soll das sein?«

»Hexerei«, sage ich und widme mich wieder meinen Kisten.

Ich will ihm von der verdammten Schlange erzählen. Der Otter oder Natter! Der ich begegnet bin, weil ich nicht genügend Zeit hatte, mir eine anständige Toilette zu suchen. Wie ich fast gestorben wäre. Im Nichts. In der französischen Provinz, kein Mensch weit und breit. Ich bin richtig wütend und werfe die Kisten in den Ladebereich des Wagens.

»Na, na«, sagt Muraff. »Komm mal her.«

Ich laufe hinüber und gucke ihm über die Schulter.

»Soll sich ja auch gelohnt haben«, sagt er und zieht ein paar saubere Blätter Papier aus einer Klarsichtfolie.

Die neue Tour. Antibes, Nizza, Sète, Montpellier, Cannes, Marseille, Agde. Verdammt, ja.

Muraff scheint darauf zu warten, dass ich mich bei ihm bedanke. Ich nehme ihm die Zettel aus der Hand und gehe zu seinem Verhau unter dem Dach.

»Wo willst du denn hin?«, fragt Muraff und stapft mir hinterher.

Ich gehe die Treppe hinauf und sehe, dass er die Tür nicht abgesperrt hat. Muraff fragt: »Was willst du denn im Büro? Hey. Hey!«

Louis liegt in seiner Ecke, hebt die Schnauze und nickt sabbernd wieder ein. Gut. Ich setze mich an Muraffs Schreibtisch und öffne die Schubladen.

Muraff guckt mir entgeistert dabei zu, wie ich nach und nach Sachen aus seiner Schublade hole. »Das ist mein Büro«, sagt er tonlos.

Ich wühle noch ein bisschen weiter, bis ich finde, was ich gesucht habe. Muraff starrt mich an und nickt. »Kannst du haben.«

Dann klemme ich meine Tourenliste in das schicke neue Klemmbrett aus Muraffs Schreibtisch und gehe zum Wagen zurück.

Ich fahre vom Hof und fädle den Van in den Nachmittagsverkehr von Paris ein. Eigenartig. Ich werde das Gefühl nicht los, dass Muraff es geschafft hat, mich doch irgendwie zu betrügen. Ich denke über die ganze Geschichte nach und kriege es nicht zu fassen.

Im Radio wird die Frage diskutiert, ob Europa es mit China aufnehmen kann. Klar, ihr Muschis, denke ich und weiß nicht, wieso. Auf einem anderen Sender geht es um die Gefahr von zu vielem Sitzen – nicht gerade das, was man hören will, wenn man die nächste Zeit in einer Fahrerkabine verbringt. Ich schalte durch die voreingestellten Programme und finde einen Sender, wo Madonnas neues Album besprochen wird.

Kurz hinter Paris fällt mir ein, dass Muraff einem einfach das Gefühl gibt, dass er einen bescheißt. Immer, zu jeder Tageszeit. Dass es sein Normalzustand ist. So wie ich anderen Menschen das Gefühl gebe, dass sie mich bescheißen können. Darauf muss man vielleicht gar nicht so viele Gedanken verschwenden. Vielleicht kann ein Mann manchmal auch gar nicht mehr rausholen als die Aussicht auf ein bisschen Sonne und ein eins-a-neues Klemmbrett.

Geräusche von Menschen. Stimmen. Lachen. Rufen. Wenn ich mich konzentriere, meine ich, Wellen zu hören, aber das kann nicht sein. Mein Wagen ist zu weit vom Meer entfernt geparkt. Ich höre Partys. Ich rieche Gebratenes. Hinten auf der Ladefläche ist es verdammt heiß. In der Nacht zuvor bin ich in Cannes angekommen, habe meine Route bis knapp vor Ende runtergerissen. Ich würde noch ein paar Automaten in der Stadt aufstellen, dann wäre alles vorbei. Dann hätte ich Urlaub. Und niemand würde mich vor dem Wochenende zurück in Paris erwarten, wo ich den Wagen abstellen soll.

Ich liege noch auf meinen Pappkartons und fühle mich wie am Weihnachtsmorgen, wenn du weißt, dass dich etwas Besonderes erwartet – dass du gut warst und jetzt eine Belohnung bekommst.

Ich schiebe die Seitentür auf, und eine Milliarde Lux fluten den Wagen. So ein Morgen am Mittelmeer nach Jahren ohne jeden Kontakt zu Salzwasserluft und Wellengeräuschen ist wie ein weißblauer Acidtrip.

Ich bin truckerbraun. Zumindest mein linker Arm, den ich in der letzten Woche aus dem Fenster habe hängen lassen. Ich werde Klamotten brauchen, wenn ich am Abend auf die Partys will, etwas Langärmeliges, damit nicht jeder gleich sieht, dass ich mein Geld *im Auto* verdiene. Zwischen mir und den Partys am Strand stehen nur noch ein paar Pharmacie-Besitzer. Die Erfahrung sagt mir, dass es einfacher sein könnte.

Später am Tag ziehe ich mich mehrmals um, aber jedes Outfit ist gleich kacke. Jeans und Nikes, die so aussehen, als wäre ich gerade vom Joggen aus dem Wald gekommen. Ich zähle mein Geld. Für neue Schuhe würde es auf keinen Fall reichen. Doch mit den alten Nikes an den Füßen auf eine Party in Cannes zu kommen ist ungefähr so leicht, wie das letzte Level bei Super Mario mit nur einem Leben zu spielen.

Im Strom der Touristen und Festival-Besucher laufe ich die Promenade entlang. Es ist früher Abend. An einer Ecke steht ein Typ, der Sonnenbrillen verkauft. Für fünf Euro. Ich nehme eine sehr dunkle Bay Ran. »Guter Deal«, sagt er.

»Wird sich zeigen«, sage ich.

Ich gehe die Promenade auf und ab, kaufe mir ein Eis, beobachte die Autos, die im Stau stehen. Da ist ein Rolls Royce mit einem behaarten Mann am Steuer. Teure Uhr, echte Sonnenbrille. Auf dem Rücksitz ein Junge und ein Mädchen, die brav still sitzen, die sich gar nicht bewegen, nicht reden, scheinbar nicht einmal atmen. Der Mann sagt etwas und lacht laut auf, seine Kinder nicken höflich.

Es wird langsam dunkel, und ich klappere den Hafen ab. Überall Partys, aber alle sehen so aus, als könntest du das auch im Festzelt im Saarland haben. Dann sehe ich weiter unten am Wasser Hasenohren. Viele, viele weiße Hasenohren.

Eine Menschenmenge drängelt sich vor dem Boot mit dem großen weißen Schriftzug *Playboy*. Das Problem ist, das sehe ich sofort, dass jeder Depp mit seiner Crew davorsteht. Jeder Vollidiot versucht die Schränke hinter der Absperrung davon zu überzeugen, dass sie für die Party auf dem Boot unverzichtbar sind. Sie bieten Scheine, aber die Schränke beachten sie nicht. Jeder behauptet, ein Kumpel von Brad Pitt zu sein. Nach ein paar Minuten geben es die Jungs auf und machen der nächsten Crew Platz, die es auch nicht schafft.

Mein Tipp: Wenn du aber allein bist und unbeteiligt in der Schlange wartest, dann denken alle, du hättest *Kohle*, wärst *geschäftlich* da. Sie denken, du wärst gerade aus deinem Hotel an der Promenade gekommen und würdest die Party zum *Netzwerken* nutzen. Es hilft, wenn du eine Bay Ran auf der Nase hast. Keine Ray-Ban-Fälschung, sondern eine original Bay Ran. Es hilft auch, wenn der Pulk so groß ist, dass die Playboy-Schränke im schwarzen Anzug deine alten Nikes nicht sehen können.

Und dann kommt der Moment auf dem Boot, in dem ich Valentinas schöne Hände sehe, die mir ihre Visitenkarte reichen, und der ich sage, dass wir quasi Kollegen sind.

Valentina fragt: »Du bist also auch Journalist?«

»Klar. Also, ich war mal Journalist. Schülerzeitung. Ich habe da die Witzseite gemacht.«

»Wie schön«, sagt sie und sucht sich jemand anders zum Reden. Kann ich verstehen. Ich sehe ihr noch hinterher, wie sie mit ihren schönen Händen ihre Visitenkarte einem glattrasierten Typen mit schwerer Uhr am Handgelenk reicht. Der Typ dreht die Karte um, lächelt und führt Valentina zur Bar. Profi.

Ich gehe ebenfalls an die Bar und studiere die Getränkeliste: Heineken – 22 Euro, Gin Tonic – 30 Euro. Ich krame mein letztes Geld zusammen und bestelle ein Heineken, das der Barkeeper aus dem Kühlschrank holt. Ich drücke ihm den Zwanziger und einen Fünfer in die Hand.

Er runzelt die Stirn. »Was ist das?«

»Der Rest ist für dich«, sage ich.

Er schüttelt den Kopf. »Zahlen nur mit Kreditkarte«, sagt er.

Kreditkarte? Woher soll ich die bitteschön nehmen? »Hab ich im Hotel vergessen.«

Er überlegt. »Alles klar. Aber nur das eine.« Er zuckt mit den Schultern und schiebt mir das Bier zu, steckt sich dann schnell meine Geldscheine in die Hosentasche. »Cheers.«

Wenn man tatsächlich mal nur *ein Bier trinken* gehen will, muss man es an einem Ort machen, an dem einem die Preise dabei helfen.

Ich bleibe an der Bar stehen und beobachte für eine Weile die Leute. Keiner dabei, den man so kennen würde. Alle sehen reich aus. Männer, die sich von zehn Frauen umringen lassen. Männer, die sich von zehn Investmenttypen umringen lassen. Ein eigenartiges Hofhalten von unbekannten, irgendwie identisch aussehenden Gesichtern. Valentina ist abgetaucht, und ich lasse mir an der Bar von einem Typen mit goldenem Glitzer-T-Shirt noch ein Bier ausgeben. Könnte alles schlimmer sein, aber nicht viel.

»Ich bin Vlad«, sagt Glitzershirt. »Gute Party, was?«

Ich nicke. Ich überlege, ob ich einfach vom Boot springen soll, falls ich die nächste Runde ausgeben muss.

Vlad fragt: »Du bist der Journalist?«

Ich drehe mich nach Valentina um, die mir zuzwinkert.

»Eigentlich nicht«, sage ich. »Ich schreibe Drehbücher.«

Vlad sieht angemessen entsetzt aus. »Aha«, sagt er mit einem konzentrierten Lächeln.

»Na ja«, wiegel ich ab, versuche, mir nicht gleich alles kaputt zu machen. »Ich mache derzeit auch viel mit USB und Bluetooth ...«

Vlad versteht nur Bahnhof, ist aber irgendwie begeistert. »Yeah«, sagt er, »yeah, super. Pass auf: In zehn Minuten gehen wir auf die richtige Party. Wir fahren raus auf mein Boot. Komm einfach mit.«

»Ich?«

»Klar. Ich zeig euch, wie man eine richtige Party macht. Hast du eigentlich ein Playboy-Abo?«

»Ich bin eher so ein Gelegenheitsleser«, sage ich.

»Quatsch. Pass auf: Füll das mal aus.« Er reicht mir eine Postkarte, wo du nur deine Adresse angeben musst. »Geht heute alles auf meine Rechnung«, sagt Vlad, während ich fein säuberlich Name und Adresse von Onkel Stefan in Kassel eintrage.

»Gute Party«, sagt jemand im Vorbeigehen zu Vlad, aber der schnauft nur verächtlich. Dann bestellt er uns noch einen Gin Tonic, holt sich eine Frau mit Hasenohren heran, der er erklärt, dass sie nicht mehr so viele Bauerntrottel aufs Boot lassen sollen. Ich fühle mich gleich angesprochen. Vlad dreht sich wieder zu mir und steckt mir einen Chip zu. »Wir treffen uns in zehn Minuten oben am Ausgang. Zeig den Chip einfach meinen Jungs an der Tür, dann bringen die dich zum Wagen.« Er haut mir auf die Schulter und zeigt auf meine alten Nikes. »Das sind sehr, sehr geile Schuhe«, sagt er im Weggehen. Er weist auf die teuren schwarzen italienischen Fickschlitten, die er selber an den Füßen hat: »Würde ich auch tragen, aber mir steht retro einfach nicht.«

Wasserplätschern. Sanftes Lachen, kleine Wellen, die leise gegen den Bootsrumpf laufen. Das satte Plopp eines Champagnerkorkens in die Stille der Nacht hinein – alles Geräusche, die ich nicht auf Vlads Boot zu hören bekomme.

Eine Nacht auf einer der Yachten am Ufer vor Cannes ist so ziemlich das unromantischste Setting, das man sich vorstellen kann. Es ankern bestimmt hundert Boote auf engstem Raum, und von jedem Deck kommt superlauter Mittelmeer-Dance-Pop der allergrässlichsten Sorte, dazu das übermütige Geschrei von Typen, die sich Yachten und Nutten leisten können.

Aber wer weiß, denke ich. Wenn ich mir Yachten und Nutten leisten könnte, würde ich vielleicht auch die ganze Nacht lang vor Glück schreien.

Und auf Vlads Yacht wird mir schnell langweilig. Eigentlich bleibt mir nichts anderes übrig, als zu beobachten, wie die Mädchen von einer Yacht zur nächsten gebracht werden. Das ist ein ziemlich interessantes Schauspiel. Besonders interessant ist dabei die Miene der Angestellten, die den Mädchen dabei helfen, die jeweilige Yacht von den kleinen Beibooten aus zu entern. So verdammt distinguiert, als würden sie einem Chefarzt Tupfer und Skalpell reichen, während die Mädchen – angeschickert, wie sie sind – sich gerade so an der kleinen Leiter halten können. Vlad hat auf seiner Yacht gleich zwei Männer, die das für ihn erledigen, obwohl er keine große Yacht hat. Die meisten Mädchen sind auch nicht besonders beeindruckt und verschwinden in der Regel nach einem Glas und einer Line schnell auf die richtig großen Boote, die, wie mir einer von Vlads kräftigen Mädchenhochholern erklärt, Griechen gehören. Niemand hat größere Boote als die Griechen, sagt der Typ.

»Pass gut auf dich auf«, sagt Vlad jedem einzelnen Mädchen zum Abschied, was ich rührend finde.

Valentina stellt sich neben mich an die Reling und fragt: »Und, hast du genug für die Witzseite zusammen?«

»Die Schülerzeitung ist doch schon längst pleite. Ich bin privat hier. Hast du genug für deine Story?«, frage ich.

»Story? Ach so. Na ja.« Sie gähnt. »Wo schläfst du?«

»Im Lieferwagen.«

»Lieferwagen?«

»Glaube nicht, dass ich jetzt noch was im Formule 1 bekomme.«

Valentina zeigt auf ein Hotel am Strand: »Besuch mich doch einfach mal im Hotel da drüben.«

»Jetzt?«

»Netter Versuch. Morgen. So ab Mittag. Du hast ja meine Karte.«

Valentina lässt sich von den Jungs ins Beiboot setzen.

»Pass gut auf dich auf«, ruft Vlad und taucht wieder unter Deck ab.

Ich frage den Mädchenhochholer: »Hey, was bekommst du eigentlich dafür?«

Der Mann sagt: »Meine Eltern haben Schulden bei Vlad.«

Okay, denke ich, das macht Sinn.

Er sagt: »Willst du was trinken?«

Vlad schreit gegen den Ibiza-House an: »Ist denn niemand mehr da?«

Der Mann neben mir ruft was auf Russisch, und Vlad wird richtig sauer. »So machen wir keine Party«, ruft er. »Ich zeige euch, wie man Party macht«, kommt aber nicht von unter Deck hervor.

»Ist halt ein einfacher Typ«, sagt der Mann und gießt uns einen eiskalten Wodka ein. »Weißt du, wo Omsk liegt?«

»So ungefähr.«

»Hinter Omsk läufst du einfach nochmal tausend Kilometer Richtung Osten. Da kommt der her.«

»Lebensfroher Typ«, sage ich. Ich denke an den letzten Mann, der mir als lebensfroh verkauft wurde, und bedauere sehr, dass Jim nicht hier ist. Vlad ist wie ein Jim, der es geschafft hat, sich ein paar größere Sachen zu überlegen.

»Lebensfroh und ziemlich erfolgreich«, sagt der Mann, guckt raus aufs Meer und holt noch eine Frau an Bord.

»Schick sie gleich runter«, ruft Vlad.

Der Mann sagt: »Manchmal frage ich mich, was passieren würde, wenn er nachts einfach so ins Meer stürzt.«

»Vlad? Na ja, aber das kann nur auf hoher See passieren.«

»Nicht unbedingt. Auch im Hafen passieren viele Unglücke.«

Wir schauen uns die Nacht an.

»Heute ist nicht mal eine Wolke am Himmel«, sage ich.

Der Mann seufzt.

Ist noch alles da? Ich wache auf und überprüfe, ob noch alles da ist: Arme, Beine, Kopf. Ja, es ist noch alles da, höre ich mich selber denken. Das ist nicht selbstverständlich. Nicht bei dem Zustand, in dem ich mich befinde.

Ich liege auf den verbliebenen Kartons im Heck des Wagens und habe einen Mörderkater. Die Sonne muss schon richtig hoch am Himmel stehen, denn im Wagen sind es mindestens vierzig Grad, und ich fiebere mir schlimm was zusammen. Ich frage mich, wie ich überhaupt zurück zum Van gekommen bin.

Ganz klar: Mir ist übel. Das war das seltsame Zeug, das der Mädchenhochholer noch an Bord gefunden hat, als Vlad unter Deck verschwunden ist. Selber schuld: Ich vertrage Drogen ungefähr so gut wie ein polyallergischer Viertklässler mit überempfindlichem Magen.

Während ich so daliege, merke ich, dass der Duft vom Meer nicht mehr da ist. Dass auch nichts Gebratenes in der Luft liegt. Nur ein ganz trockener und ereignisloser Geruch, der mich gleich traurig macht. Auch kein Lachen oder Raunen, dem ich am ersten Morgen in Cannes so gerne gelauscht habe.

Ich erinnere mich an den Streit, den ich plötzlich mit Vlad hatte. Er wollte, dass ich ihm ein Drehbuch schreibe, eine Story über ihn, Vlad, den Partyausrichter Nummer eins an der Côte d'Azur.

Ich war so dumm und habe gesagt, dass er bei der Größe seiner Yacht wohl schlecht die Nummer eins sein könne und dass das Drehbuch nicht mehr als acht Seiten haben würde.

Von da an ging der Abend sehr schnell dem Ende zu, und das Letzte, an das ich mich erinnern kann, ist, dass Vlad plötzlich ein großes Tauchermesser in der Hand hatte und sich selber das goldene Glitzershirt vom Leib schnitt.

Egal. Vergessen. Hauptsache, es ist alles noch am Körper.

Ich strecke mich erst einmal und checke die Lage. Ich trage eine Hose, das ist den Umständen entsprechend schon einmal ganz gut.

Draußen sieht es anders aus, als ich es in Erinnerung habe. Der Glanz, der auf Cannes zu liegen schien, ist weg. Außerdem weg: der Blick aufs Meer auf der einen und der Blick auf die Hotels auf der anderen Seite. Stattdessen: ein graues Haus und ein Parkplatz. Ich befinde mich an einem Teil der Welt, der dem Industriegebiet von Leipzig nicht unähnlich ist.

Ein Polizist kommt langsam zu mir herübergelaufen. Gut, endlich jemand, den ich fragen kann, wo ich eigentlich bin.

»He«, sagt er. »Wie sind Sie denn auf das Gelände gekommen?«

Ich zeige in den Wagen.

»Haben Sie da geschlafen? Da drin?«

Ich nicke. Reden geht noch nicht so gut.

Der Polizist nimmt die Mütze vom Kopf und kratzt sich. Er glaubt mir die Story, was es für ihn auf keinen Fall leichter macht.

Ich stehe in der kühlen Polizeiwache und hänge am Telefon, das gegenüber der Anmeldung an der Wand hängt. Ich höre das Tuten. Dann wird endlich der Hörer abgenommen.

»Muraff«, sage ich und warte, dass er etwas sagt.

Aber da kommt nur: »Woher haben Sie diese Nummer?«

»Muraff«, sage ich, »wie geht's? Hier ist der Deutsche aus dem Süden.«

Lange Pause. Dann: »Funktioniert es gut, dein Klemmbrett?«

Ich sage: »Ich habe nicht viel Zeit. Ich habe vor einem Hydranten geparkt und brauche vierhundert Euro. Western Union oder so. Sonst kann ich die Karre nicht auslösen. Der Wagen ist abgeschleppt worden.«

Vierhundert war noch billig. Die Polizisten wollten mir erst was von *wildem Campen* erzählen und dass das unter Geldstrafe stehe, darauf musste ich mal kurz lachen. Der ganze Hafen von Cannes voller Koks und Nutten, und am Straßenrand gelingt es der Polizei endlich, den *wilden Camper* dingfest zu machen. Ich musste ganz automatisch so kurz und heftig lachen, dass die beiden Polizisten am Eingang einander ansahen und einer von ihnen wegging, um wortlos ein paar Akten zu sortieren.

Am anderen Ende der Leitung Atmen. Schweres Atmen. Ich kann förmlich hören, wie Muraffs Hirn rattert, wie er Kosten-Nutzen-Rechnungen aufstellt und dabei leicht in Ohnmacht fällt.

Ich gebe ihm die Adresse der Polizeistation durch und will ihm meine Daten aus dem Reisepass geben, damit er Geld anweisen kann, aber Muraff hat schon aufgelegt.

»Und?«, fragt der Polizist bei der Anmeldung.

Keine Ahnung, denke ich. Ich weiß selbst nicht so richtig. Ich hole mir eine Fanta und setze mich draußen auf die Stufen vor der Polizei. Es ist drei Uhr am Nachmittag, und bislang war es ein ziemlich beschissener Tag. Das muss man sagen.

Der Polizist, der mich auf dem Parkplatz entdeckt hat, bietet mir eine Zigarette an. »Na, hast du wenigstens gut geschlafen?«

Ein paar Stunden später kommt ein Taxi vorgefahren, und Muraff steigt aus.

Wenn es im Süden Abend wird, dann verändert sich das Blau am

Himmel, geht vom Immersommer-Raffaelo-Werbung-Blau in einen Farbton über, der so schwer und souverän aussieht wie diese Samtbettchen, auf denen man den glitzernden Swarovski-Krempel dekoriert. Und während ich mir vor der Polizeiwache den Himmel angeguckt und dabei Fanta gegen den Kater getrunken habe, ahnte ich bereits, dass Muraff in den nächsten TGV gehopst ist und bald hier aufkreuzen würde.

Nur, dass es nicht Muraff ist, der dort aus dem Taxt steigt, sondern eine jüngere Version von Muraff, einer, der Logistik studiert und sich mit USB und Bluetooth auskennt. Der Sohn von Muraff. Die kurzen Beine, die Kantigkeit, die schwarzen Haare und die niedrige Stirn. Er geht an mir vorbei und spricht mit dem Gendarmen, der auf mich zeigt. Muraff 2.0 sieht mich kurz an, dann holt er Geld aus der Tasche und bezahlt.

Beim Rausgehen sage ich: »Jetzt hast du es doch noch in den Süden geschafft, was?«

Er sagt kein Wort, und ich laufe hinter ihm her zum Parkplatz.

Der Junior ist ebenso dackelflink wie sein Vater, er sitzt schon am Lenkrad und dreht den Zündschlüssel. Ich höre das »Raaaaatsch« des Sitzes, den er nach vorne zieht. Er öffnet die Beifahrertür, und ich will einsteigen, bekomme stattdessen aber meine Reisetasche gegen den Kopf gepfeffert.

»Ruf nie wieder meinen Vater an«, sagt Muraff 2.0 und fährt vom Hof.

Nach ein paar Metern fällt mir auf, dass ich Hunger habe. Ich gehe in eine Bäckerei und besorge mir ein Sandwich. Die Frau nimmt meinen Zehn-Euro-Schein und wünscht mir einen schönen Abend.

Ich warte auf mein Rückgeld.

Die Frau sagt: »Rückgeld? Junger Mann. Ist doch gerade Festival.«

Valentina kommt zurück zu mir auf den Balkon. Sie hat sich angezogen: cremefarbenes Kleid, dazu eine braune Unterarmtasche, in die sie die Zigaretten steckt. »Aber wie hast du mich am Ende noch gefunden?«, fragt sie.

»Wie du selber gesagt hast: Ich habe in jedem Hotel deine Visitenkarte gezeigt.«

»Das war klug.«

»Quatsch«, sage ich. »Das war verzweifelt.«

»Aber erfolgreich.«

Ich denke: Hauptsache, die Ware ist beim Kunden. »Genau«, sage ich.

Sie steht an der Brüstung, und wir schauen gemeinsam aufs Meer. »Daraus mache ich einen Film«, sagt sie.

»Dann lass mich aber bitte am Ende Muraffs Sohn eine reinhauen. Oder, noch besser, lass mich auf gar keinen Fall ein Klemmbrett aus Muraffs Schublade holen.«

Sie sieht mich an. »Ich kann mir gut vorstellen, wie du eine Waffe hältst«, sagt sie, und das ist das ungelogen Beste, was eine Frau jemals zu mir gesagt hat, bis mir einfällt, dass ich wahrscheinlich so wehrlos wirke, dass ich in ihrer Vorstellung eine Schusswaffe am Leib führen muss.

Ich stehe an der Auffahrt zur Autobahn und halte den Daumen raus. Keine Ahnung, wie ich von Cannes aus nach Leipzig zurückkommen soll.

Spät am Abend nimmt mich eine Familie bis Lyon mit, von dort aus komme ich mit einem Truck bis Paris, und von da sind es ja nur noch geschätzt tausend Kilometer, rede ich mir ein und halte den Daumen raus, während es über mir im Osten von Paris leicht anfängt zu regnen. Ich halte meine Tasche über den Kopf und sehe, wie ein Kombi langsam abbremst und vor mir zum Stehen kommt.

Fakt ist, denke ich, während ich zum Kombi renne, dass ich

gleich nach der Ankunft in Leipzig ins Büro für Studentenjobs laufen und fragen muss, ob sie einen Job für mich haben. Wann auch immer das sein wird. Aber nicht so ein Kleinklein, nicht so ein Teilzeitgefrickel, sondern so eine große Sache, wo ich am Stück ranklotze und dann schön den Rest des Sommers die Sonne genieße.

Die Gedanken klingen verdammt vertraut.

Jahre später würde ich wissen, dass es bei der ganzen Geschichte nur einen Gewinner gab: Onkel Stefan, der nach wie vor verwundert Monat für Monat die französische Ausgabe des Playboy aus seinem Briefkasten in Kassel zieht. Und solange er das noch tut, ist es wohl niemandem gelungen, Vlad eines Nachts von der Yacht zu stoßen.

8 Ihn halten wie ein Profi

»Bass-Solo«, ruft Moses mir zu. Ich kann mir nicht vorstellen, dass er das ernst meint, doch durch die verrauchte Luft in dem Kellerclub kann ich erkennen, dass er mir tatsächlich voller Ernst ins Gesicht sieht.

Moses sitzt hinter seinem E-Piano und nickt mir immer und immer wieder zu, und ich erinnere mich daran, dass im Jazz alle Instrumente irgendwann einmal Soli spielen müssen, auch wenn das a) weder gut klingt, noch b) zum Song passt, und c) die Performance dadurch eigentlich nur unnötig in die Länge gezogen wird. Ich sehe Moses' erwartungsfrohes Gesicht, sehe, wie er gerade denkt, dass er für den Bass auch jemanden vom Konservatorium hätte nehmen können, und fange deswegen an, auf dem riesigen Bass herumzutasten und ein paar Töne zu spielen, die da laut Songbook nicht unbedingt hingehören.

Am Anfang klingt es nur komisch, dann merke ich, dass die Leute aufsehen und sich gestört fühlen. Siehst du, will ich Moses sagen, das hatten wir doch oft genug bei den Proben. Das ist nie gut gegangen, nicht ein einziges Mal.

Ich rette mich in einen großen Slide auf der höchsten Seite, bei dem ich die Oktave bis ganz nach oben entlangwische, und fumper dann weiter meine soliden, risikofreien Grundtöne und Quinten in den Raum.

Ich sehe in den Zuschauerraum, wo Leute an Tischchen sitzen und einzelne Männer mit ihren Getränken an der Bar stehen. Ich bin Teil einer Jazzband und spiele Bass. Wie ist das passiert?

Es ging damit los, dass ich eine Wohnung suchte. Und dann ging es damit weiter, dass ich dringend einen Job brauchte.

Ein paar Wochen zuvor war ich zurück nach Montreal gekommen. Meiner Mutter ging es nicht gut. Sie arbeitete noch immer im Kindergarten im Vorort und wohnte in der Wohnung an der Auffahrt zum Highway. Aber sie war wohl einsam oder irgendetwas in der Richtung. Angenehm war es jedenfalls nicht, ständig mit einer Mutter zu telefonieren, die sich anhörte, als würde sie gleich vor Unzufriedenheit aus den Hausschuhen kippen. Deswegen habe ich mein gespartes Geld von ein paar Jobs hier und da für ein Ticket ausgegeben und saß plötzlich wieder bei meiner Mutter in der Küche und ließ mir erzählen, dass die Kinder immer frecher wurden.

Meine Mutter sagte: »Kein ›Guten Tag‹, kein ›Auf Wiedersehen‹. Du musst das denen jedes Mal förmlich wieder in Erinnerung rufen. Zu Hause lernen die das nicht mehr.«

Klar war, dass sie meinen Vater vermisste, der Gottweißwo in der Welt unterwegs und vollauf damit beschäftigt war, *sein Ding zu machen*. Klar war auch, dass sie merkte, dass ihr Sohn in Deutschland nicht unbedingt das auf die Reihe bekam, was sie sich für ihn überlegt hatte.

Ich sah mich am Tisch in der Küche sitzen. War das ein Besuch? Oder war ich plötzlich wieder zu Hause? Ich hatte den Koffer noch nicht ausgepackt, aber es fühlte sich so an, als wäre ich kurz davor, wieder ins Kinderzimmer zu ziehen und auf die Wand mit den Eishockey- und Skateboard-Postern zu starren.

Als ich ein paar Mitbringsel für meine Mutter auspackte – Lindt-Schokolade, Gummibärchen, die Tageszeitung aus Kassel, eben die unverhandelbaren Basics, die jeder Familienangehörige von einem Deutschland-Aufenthalt mitzubringen hatte –, wurde mir bewusst, dass ich Europa vielleicht für eine Zeit lang Europa sein lassen sollte. Ich hatte es versucht, ehrlich versucht, aber eigentlich hatte ich es nur geschafft, mich länderübergreifend unmöglich zu machen. Vielleicht war jetzt nicht der falsche Zeitpunkt, um mal etwas zur Ruhe und zum Nachdenken zu kommen. Wie auch immer das gehen soll.

Meine Mutter kam mir ins Zimmer hinterhergelaufen. »Und dann wirst du verrückt, wenn du denen in die Lunchboxen guckst«, sagte sie. »Nur Süßkram. Und das in dem Alter. Weißt du, was Zucker in so einem Kinderkörper anrichtet?«

Ich betrachtete meinen Koffer.

»Und wie soll das überhaupt schmecken? Süße Cola und süße Speisen zusammen? Da wird doch die Zunge verrückt.« Meine Mutter dachte einen Augenblick nach, dann sagte sie: »Madame Delachaux, du erinnerst dich? Der Junge ist jetzt selber Vater.« Sie sieht mich an: »Vielleicht braucht der jemanden ...«

»Babysitten?«, fragte ich entsetzt und machte die Tür vor ihrer Nase zu.

Klar war auch, dass ich unbedingt eine Wohnung brauchte. Am besten noch am selben Tag.

Der Hausverwalter ist nett genug, mich gleich in die Bude zu lassen, obwohl der aktuelle Mieter noch in den Räumen wohnt. Wobei das Wort »Räume« zu großzügig ist für das, was sich einem beim Blick in die Wohnung bietet. Gegenüber der Eingangstür ist ein Fenster, das auf eine Baubrache mit vielen braunen Pfützen geht, vor dem Fenster liegt etwas, das in besseren Zeiten einmal ein Teppichboden gewesen sein muss. Jetzt ist es ein sumpfig braunes Filzding, von dem du annimmst, dass es deine Zehen wegätzt, wenn du zu lange barfuß darauf verbringst. Mitten im Raum liegt eine Matratze auf dem Boden, davor ein Fernseher, in den der jetzige Mieter von der Matratze aus guckt. An einer Seite ist ein Durchgang, der in die Küche führen muss. Mehr gibt es nicht zu bestaunen.

Der jetzige Mieter ist sich offenbar nicht im Klaren darüber, dass er hier seinen letzten Augenblick in der Wohnung verbringt. Der Typ wischt sich den Schlaf aus den Augen, legt sich die langen Haare über den Kopf, schüttelt sich.

»Ach, komm«, sagt er zum Verwalter und schlurft in die Küche.

Eine ziemlich unangenehme Situation. Der Verwalter scheint meine Gedanken zu lesen und sagt: »Ich hätte den heute sowieso vor die Tür gesetzt.«

Der Noch-Bewohner packt ein paar Sachen in eine Tüte. Ein Festnetztelefon in Form einer Micky-Maus-Figur. Ein paar T-Shirts, die er vom Boden aufsammelt. Er holt Bananen aus der Küche und versucht, sie in die Tüte zu stopfen, die aber schon voll ist. Ich kann ihm dabei zugucken, wie er mit seinem zerschusselten Kopf hin und her überlegt: *Entweder ich ziehe jetzt alle T-Shirts an, oder ich esse alle Bananen,* weswegen er eine nach der anderen schält und vor meinen Augen isst.

Dann sagt er mit vollem Mund: »Willst du meinen Bass kaufen? Gehört nämlich nicht zum Inventar.« Der Typ zuckt und guckt mich aus rot zerschossenen Augen an, und es ist ziemlich klar, dass der ganz schnell mal einen Spaziergang die Straße runter zum Schnapsladen oder zumindest zu einem Typen in Kapuzenpulli im Park braucht.

Ich folge ihm in die Küche und betrachte das mächtige Instrument, das an der Wand lehnt und düster und schwer im Licht glänzt. Ich frage: »Was willst du dafür haben?«

»Fünfhundert Dollar.«

»Habe ich nicht.«

»Okay. Zweihundert Dollar.«

Ich denke: Das ist ein Geschäft, wie es sich einem nur selten bietet.

Der Vermieter räuspert sich. »Also, für fünfzig würde ich das Teil nehmen.«

Ich sehe den Bass an der Wand lehnen, warm, schwer, riesig, wie ein alter Mann, der sich hier mal ein Minütchen ausruhen will. »Ich habe hier noch achtzig Dollar, die kann ich dir geben«, sage ich und schütte meine letzten Münzen und Scheine aus der Jackentasche.

»Gut, super«, sagt der Typ und ist schon am Ende des Gangs mit meiner Knete, bevor ich überhaupt fragen kann, was genau man mit dem Rieseninstrument macht und welche Seite oben ist.

Ich sitze in meiner neuen Wohnung und versuche mich heimisch zu fühlen. Mir fällt auf, dass mir ein solches Gefühl völlig fremd ist. Man wohnt halt irgendwo – und gut ist.

Ich denke darüber nach, ob ich meine Mutter anrufen soll, habe aber Bedenken, dass sie mir gleich wieder die Delachaux-Dynastie als Karriereoption ans Herz legt.

Zum Glück gibt es in dieser Bude im Osten von Montreal eine Sache, die keinerlei Zutun mehr erfordert. Denn einen Bass habe ich schon einmal. An der Baustelle werde ich nicht weitermachen müssen.

Eigentlich fehlt nur eins: Ich brauche einen Job.

Am nächsten Morgen besuche ich Cristina. Wie immer, wenn ich in Montreal bin. Sie spielt immer noch Basketball, wie damals in der Schule, »aber nur noch einmal in der Woche, wenn überhaupt. Ich komme zu nichts mehr.« Sie zieht sich die Dunkin'-Donuts-Mütze ab. Auf ihrem orange-pinken Shirt ist ein Schildchen mit der Aufschrift *Cristina, Manager*.

Cristina ist mit ihrer Familie als Kind aus Brasilien gekommen, ich bin mit ihr zur Schule gegangen. Ihrem Vater gehören eine ganze Reihe Dunkin'-Donuts-Filialen. Der macht so oft eine neue auf, wie er zum Friseur geht. Eigentlich kann er nicht einmal an einer roten Ampel halten, ohne da gleich ein Dunkin' Donuts zu eröffnen. Und mittlerweile leitet Cristina alle Filialen im Osten von Montreal, während Papa irgendwo unterwegs ist, um sich neue Standorte anzusehen. Sie sagt, dass ihr Vater nicht da sei.

Das ist so ziemlich das Erste, was ich von Cristina höre, als ich mir von ihr einen Kaffee einschenken lasse. »Mein Vater ist nicht da.«
Ich beuge mich zu ihr hinüber: »Hat der vielleicht einen Job?«
»Bestimmt. Aber bestimmt nicht für dich.«
Kann ich verstehen. Ihr Vater wollte mich in der zehnten Klasse einmal umbringen, als er mich im Zimmer seiner Tochter erwischt hat. Nicht gleich beim ersten Mal, aber als er mich dann in den nächsten Wochen das dritte und vierte Mal vor die Tür gesetzt hat, war er definitiv bereit, mir ein Messer an den Hals zu halten und mich anschließend in einem Plastiksack in einen Container hinter die Filiale eines Konkurrenten zu werfen. Cristinas Vater nach einem Job zu fragen wäre keine gute Idee.

Ich sitze im Dunkin' Donuts und blättere die herumliegenden Zeitungen nach Jobangeboten durch. Die meisten Stellen klingen so, als hätte sie jemand geschrieben, der darüber eingeschlafen ist, noch bevor er an der Stelle mit der Telefonnummer angelangt ist. Ich lese mir die Stellenanzeigen durch und bekomme das kalte Grausen. Ich sehe Qualifikationen und Diplome, die erwartet werden, von denen ich beim besten Willen nicht einmal gehört habe. Zusatzqualifikationen, Skills, Motivation. Was ist aus den guten alten Leitplanken geworden?

Was sonst noch angeboten wird? Das, was immer angeboten wird: Call Center. Zeitung austragen. Pizza ausfahren. Noch mehr Call Center. Die Nachfrage an Menschen, die andere Menschen ans Telefon kriegen, ist enorm.

Ich bekomme mit einem Mal Angst, dass ich in meiner gerade erst gemieteten Wohnung gleich wieder ausziehen muss, dass mich in der Wohnung gleich der nächste Typ ersetzt, einer, der nicht mehr draufhat als ich, sich aber wenigstens nicht eine solide Anstellung bei Dunkin' Donuts durch eine Jahre zurückliegende Privatfehde mit dem mächtigsten Dunkin'-Donuts-Entrepreneur östlich von Toronto versaut hat.

Auf dem Weg zur Toilette sehe ich den Aushang: *Bass player wanted. Old-Time Jazz Standards. Regular Gigs. Good Money.*

Auf dem Rückweg in die Wohnung besorge ich mir eine DVD mit dem Titel *How to really play the bass*. Das *really* im Titel hat mich überzeugt. Genauso wie das *Good Money* in dem Gesuch.

Von unterwegs rufe ich die Nummer vom Aushang an und vereinbare einen Termin zum Vorspielen. »Kannst du gleich kommen?«, fragt die Stimme am anderen Ende.

Oh Gott, nein. »Nein, leider nicht.« Ich erkläre, dass ich noch ein paar Tage brauche, weil ich was für die Uni machen müsste. Großes Verständnis am anderen Ende der Leitung. Uni zieht immer. Meine Ausreden sind schon einmal erste Sahne. Jetzt würde ich nur noch das Instrument selber lernen müssen.

In der Schule habe ich damals ein bisschen Gitarre gelernt. Deswegen ist es nicht überraschend, dass ich die Saiten drücken muss, um Töne zu erzeugen. So ein Bass ist, wenn auch groß, nicht ganz so abschreckend, wenn man es schon einmal mit der Gitarre versucht hat. Er ist eigentlich nur eine große Gitarre, rede ich mir selber ein.

Ich sitze in meinem Ein-Mann-ein-Stuhl-Appartement im schmierigen Teil von Montreal und versuche, Bass zu lernen. Mit einer DVD. Die ich auf einem viel zu kleinen tragbaren Fernseher angucke.

Ich stehe da also mit dem Bass im Arm und rede mir ein, dass ich kein Instrument lerne, sondern dass ich ein Geschäftsmodell verfolge. Was ich mache, ist ein Investment. Ich investiere hier in meinem speckigen Appartement Zeit, damit ich am Ende Geld erhalte, das ich wiederum in ein besseres Appartement investiere. So funktioniert das doch, oder? Was danach kommt, weiß ich nicht. Aber die ersten Schritte sind ganz klar formuliert. Das muss reichen.

Ich schließe die Augen und fange an, mir die Sachen einzuprägen, die der bärtige Typ in dem Video erzählt.

Die nächsten Tage verlaufen in etwa so:
Ich stehe auf, gehe in die Küche, und in meinem Kopf spiele ich Töne. Vom Grundton bis zur Quinte, alles auf einer Saite. Dann Standards im Kopf, während ich darauf warte, dass das Kaffeewasser in dem kleinen Topf über der Gasflamme heiß wird: *Autumn Leaves. Take the A-Train. Stella by Starlight.* Ich trinke meinen Kaffee und gucke mir dabei den Bass an, der schwer und schweigend die ganze Nacht an der Wand gelehnt hat. Ich denke an die Griffe, in allen Situationen.

Cristina fragt: »Bist du irgendwie abgelenkt? Mein Vater ist doch gar nicht da ...« Dennoch schleiche ich mich aus dem Haus an der Côte des Neiges wie eh und je und spiele im Geist einen Turnaround in Bb.

Vergiss den Donut-König. Ich habe einen neuen, stärkeren Gegner: den Bass, den ich nicht richtig zu spielen hinbekomme, ganz egal, wie oft ich mir den Bärtigen auf der DVD angucke.

Auf dem Rückweg von Cristina betrachte ich meine Hände, versuche, Muskelgedächtnis aufzubauen. Pentatonik-Tonleitern, Positionen in höheren Lagen, verschiedene Saitenstimmungen für verschiedene Songs, die Griffpositionen, die sich daraus ergeben. Ich sitze im Nachtbus und habe das Gefühl, Mathematik zu studieren.

Ich rufe noch einmal den Typen vom Aushang an (»Good Money«) und mache für den nächsten Sonntag einen Termin zum Vorspielen aus. Aber es hilft nicht so richtig. Abends sitze ich in meiner leeren Wohnung und lasse das Ding scheppern. Dongelongelongelong. Es macht schon ungeheuren Lärm, wenn man nur die eine Saite so schnarren lässt. Ich kann nur hoffen, dass sie am Sonntag beim Vorspiel für »Regular Gigs« und »Good Money« einen brauchen, der eine Saite ordentlich laut schnarren lassen kann. Bei allen anderen Aufgaben wäre ich hoffnungslos überfordert.

Dann lege ich mich ins Bett und überlege, wie ich es anstelle, dass Cristinas Vater mir doch einen regenfesten Job gibt.

In der Nacht wache ich davon auf, wie meine Tür geöffnet wird. Nicht direkt geöffnet, eher höre ich ein Kratzen und Rütteln. Ich bin sofort glockenwach und springe auf. Ich höre die Wohnungstür langsam nachgeben. Ich weiß: Mein Türschloss ist das Äquivalent zu einem alten dünnen Mann, der versuchen muss, sich in einem Orkan an einem Grashalm festzuhalten. Mir fällt mit einem Mal auf, wie irrsinnig diese Tür ist. Sie ist ein Sichtschutz, mehr aber auch nicht. Keinesfalls ist sie in der Lage, mich vor Eindringlingen zu schützen.

Ich stelle mich mit meinem alten Eishockeyschläger hinter die Tür. Ich habe einen Heidenschiss. Ich weiß, dass unten auf der Straße und manchmal auch im Hauseingang so Dealer-Typen rumlungern – was, wenn die hier oben nachgucken wollen, ob es noch versteckte Goodies vom Vormieter zu holen gibt? Ich stehe da mit meinem Eishockeyschläger, habe aber beim besten Willen keine Ahnung, was ich tatsächlich machen werde.

Die Tür geht langsam auf, und ich erkenne, wie eine kleine Gestalt mit langen struppigen Haaren in die Wohnung tappt. Die Gestalt dreht sich um, und wir beide erschrecken uns gleichzeitig voreinander.

Es ist der Vormieter. »Ich dachte, du bist nicht da«, sagt er.

Ich mache das Licht an. »Ich bin da«, sage ich.

Wir stehen so herum. Ich habe den Eishockeyschläger in der Hand, was mir mit einem Mal unangemessen vorkommt. Ich frage direkt: »Hast du ein Messer oder eine Waffe?«

»Nein«, sagt er. »Du?«

Ich nicke.

Komische Situation.

»Na dann«, sagt er, dreht sich um und verschwindet einfach wieder. Ich sehe noch, wie er sich die langen Haare aus dem Gesicht wischt und durch die Tür geht.

Da fällt mir etwas ein, und ich laufe barfuß hinter ihm her.

»Moment. Hey. Warte. Kannst du mir das beibringen?«

»Türknacken? Kriegst du im Internet alles frei Haus geliefert.«

»Quatsch. Ich meine den Bass. Wie ich Bass spielen kann. Kannst du mir das beibringen?«

Er dreht sich um. »Was kriege ich?«

»Dass ich nicht die Bullen rufe.«

Er zuckt mit den Schultern. »Hast du was zu essen da?«

Ich mache uns Käsetoast mit Ketchup und lasse mir zunächst zeigen, wie man das Ding korrekt hält.

»Wieso bist du so doof und kommst hierher?«, frage ich ihn nach ein paar Minuten.

»Wieso nicht? Es ist Freitagabend elf Uhr. Kein normaler Mensch ist um die Uhrzeit zu Hause. Und ich kenne das Schloss …«

»Ich schon«, sage ich. »Ich bin zu Hause.«

»Genau. Fuck. Das ist das Problem. Wieso bist du überhaupt zu Hause?«

»Weil ich pleite bin.«

»Und dann bist du zu Hause? Wenn ich pleite bin, gehe ich raus und suche mir Geld. So wie jetzt.«

Seine Logik ist messerscharf.

»Wie heißt du eigentlich?«, frage ich.

Der Typ überlegt. Er braucht lange, um sich einen Namen auszudenken. »Devin«, sagt er dann.

»Hey, Devin.« Ich zeige auf den Bass. »Kann es sein, dass ich dafür eine spezielle Steckdose brauche?«

Devins Blick scheint zu sagen: *Ich dachte, ich bin derjenige von uns, der high ist.* Dann schüttelt er den Kopf und lügt sich was von »Achtzig Prozent sind nur Haltung« zurecht, greift sich den Bass und fumpert los: Ba-dum dum dum dum dööm dum dum dum …

»Achtzig Prozent sind nur Haltung«, sagt er noch einmal.

»Ist halt bloß eine sehr große Gitarre, was?«, frage ich hoffnungsvoll.

»Überhaupt nicht. Ist total anders.« Devin zieht die Nase hoch. »Aber das kriegst du schon hin.«

Ich bin auch zuversichtlich. Ein bisschen mehr als vorher zumindest. Devins Drei-Minuten-Live-Show ist jedenfalls tausendmal besser als die DVD, das ist klar.

»Ist noch was zu essen da?«, fragt er.

Ich mache uns noch ein paar Toast und höre aus der Küche, wie er mir die Bude ausräumt. Der kleine tragbare Fernseher und der DVD-Player sind mit ihm verschwunden. Ich stehe in meiner nun richtig leeren Wohnung und denke, dass ich TV und DVD-Player eigentlich ohnehin nur zum Bass-Lernen brauchte.

Und das kann ich ja jetzt.

Ich werde an dieser Stelle die Geschichte auslassen, wie ich den Bass ins Taxi bekommen habe, um zum Vorspiel nach Outremont in den westlichen Teil der Stadt fahren zu können. Was zählt, ist, dass ich da bin, und das denken auch die drei Jungs von der »Good Money«-Band, die sich erst wundern, dass ich mein Instrument ohne Koffer transportiere, dann aber doch ziemlich schnell bemüht sind, den Sonntagnachmittag auf nette und angenehme Weise über die Bühne zu bekommen.

Denn der verläuft, das muss ich sagen, ziemlich schrecklich. Nichts passt. Kein Ton, den ich auf dem Bass erzeuge, passt zu dem, was die Jungs da spielen. Es ist so, als wollte ich plötzlich Polnisch reden. »Willst du noch einmal den Bass stimmen?«, fragt der Drummer netterweise, aber ich winke ab – wenn überhaupt, dann müsste ich meine Finger stimmen. Es ist doch ein großer Unterschied, ob du wild auf dem Griffbrett herumdrückst oder ob du wild drauf herumdrückst und das schon seit Jahren tust. Ich spiele die beiden Standards zu Ende, male mir dabei meine Zukunft im Call Center aus, dann ist es vorbei. Gott sei Dank.

Moses sagt: »Nicht deine beste Performance, was?«

Alle lachen. Sam, Michael und Moses, drei freundliche, gesunde Typen. Studenten, alle Mediziner. Moses erzählt, dass sein Vater früher in der Stadt Klarinette gespielt hat und damit die ganze Ostküste rauf und runter getingelt ist. Die Jungs mögen die Standards von Irving Berlin, das ganze alte Zeug. Big Band, aber auch die kleineren, kompakteren Sachen von Miles Davis und so. Moses' Vater hat Miles persönlich kennengelernt, unterwegs. Das erzählt er, während sie ihre Instrumente einpacken und mir einen Kaffee anbieten.

Ich nicke zu allem. So stelle ich es mir vor, wenn Wrestler nach dem Kampf gemeinsam beim Bier zusammensitzen und Revue passieren lassen, wie der eine den anderen vermöbelt hat.

Moses erzählt, dass die Auftritte mittlerweile jede Menge Geld einbringen, und ich fürchte, dass ich dabei glänzende Augen bekomme.

Michael schraubt an seinem Drumset. »Und was machst du so?«, fragt er.

Es ist ein netter Nachmittag, der Kaffee ist gut, und ich habe gerade eine weitere Karrieremöglichkeit verbockt. Die perfekten Voraussetzungen, um mit aller Gelassenheit weit auszuholen. Ich beuge mich vor und sage: »Was ich so gemacht habe? Also. Es ging damit los, dass ich einen Job brauchte.«

Am Abend gucke ich bei Cristina in ihrem Dunkin' Donuts auf der Ste. Catherine Est rein. Sie ignoriert mich, weil sie sauer ist, dass ich mich nicht gemeldet habe.

»Aber ich wusste nicht, dass ich mich hätte melden sollen.« Schon während ich die Worte ausspreche, fühle ich mich dumm und sehe alle Fehler, die ich gerade begehe.

»Ich weiß«, sagt sie. »Kann ich nicht erwarten, dass du das tust. Aber nette Menschen machen das nun einmal.«

Ich traue mich nicht, ihr die guten Neuigkeiten zu erzählen.

»Pass auf«, sagt sie. »Ich habe hier über alle Filialen verteilt achtzig Idioten zu koordinieren, um die ich mich kümmern muss, damit die pünktlich zur Schicht kommen. Das Letzte, was ich gebrauchen kann, ist noch eine Person, auf die ich warten muss.«

Ich nicke wie ein Kind, dem der Vater beibringen will, wie das so ist in der Arbeitswelt, und verstehe nicht annähernd, wie Cristina mich auch nur für einen Augenblick ernst nehmen kann. Ich setze alles auf null und platze einfach so heraus: »Hey, ich habe den Job. Als Bassist.«

Cristina legt den Kopf zur Seite und fängt langsam, aber sicher an zu lächeln. »Hätte ich jetzt nicht erwartet.«

Ich auch nicht, denke ich.

»Hast du von einem aus der Band alte Nacktfotos gefunden und ihn damit erpresst?«

Ich setze mich mit ihr an einen Tisch und kaue an einem Triple-Chocolate-Donut, um ihr zu erklären, wie den Jungs die Augen übergegangen sind, als ich ihnen von meinen Jobs erzählt habe. Und wie ich an den Bass gekommen bin. »Die sitzen nur in ihrer Uni und im Proberaum, die kommen nie raus.«

»Moment«, sagt sie. »Die haben dich nur für ihre Jazzband genommen, weil sie denken, dass du irgendwie *punk* bist?«

»Und Deutscher«, sage ich. »Ich bin der erste Deutsche, mit dem die je geredet haben. Die kommen alle aus jüdischen Familien. Das fanden die total witzig.«

»Und das findest du gut?« Cristina ist nicht beeindruckt.

»Keine Ahnung«, sage ich, plötzlich auch nicht mehr sicher. »Aber es ist doch nicht meine Schuld, dass Leute etwas in mir sehen, was ihnen gefällt. Außerdem meinten die, dass man Bass wirklich schnell lernen kann, achtzig Prozent sind nur Haltung …«

»Aber willst du nicht objektiv beurteilt werden? Anhand von Zeugnissen und ehrlich erworbenen Nachweisen? Anhand von Leistung?«

Gute Frage. Ich denke darüber nach. »Eigentlich nicht. Ich glaube, ich möchte lieber einfach so gemocht werden.«

Cristina schüttelt den Kopf. »Gemocht? Aber das stand doch gerade gar nicht zur Auswahl.«

»Ich weiß«, sage ich. »Macht es aber nicht weniger wahr.«

Wir haben vier feste Auftritte in der Woche. Mittwoch, Donnerstag, Freitag, Samstag. Von neun Uhr am Abend bis zwei Uhr in der Nacht. Es ist jedes Mal ein Abtauchen in eine ganz ferne Welt. In den Straßen abseits von der Rue Ste. Catherine West und dem Boulevard René Levesque haben sich Jazzclubs gehalten, die anscheinend seit den Sechzigern nicht renoviert worden sind. Kellner im Anzug. Ein Türsteher im Anzug. Lounge-Publikum. Menschen aus Hotels. Elegante Paare, die auf einen Absacker herkommen. Einzelne Männer mit Krawatten, die an der Theke sitzen und tatsächlich stundenlang bei einem Drink der Musik zuhören. Von der kleinen Bühne aus habe ich das alles gut im Blick, und wenn Moses nicht gerade »Bass-Solo!« ruft, kann ich dieses ganze Bild aus längst vergangenen Tagen genießen und aufsaugen.

Manchmal kommt Cristina von ihrer Schicht bei Dunkin' Donuts vorbei und holt mich ab. Wir gehen zu mir, und sie lacht sich über meine leere Wohnung mit Ausblick auf die immerbraune Baubrache kaputt. »So lebst du? Keiner kann so leben.« Wir lachen, und einmal erzähle ich ihr die Episode vom Vormieter, wie er in der Nacht in der Tür stand, und das ist das letzte Mal, dass sie zu mir kommt, seitdem muss ich wieder wie früher in der zehnten Klasse darauf warten, dass ihr Vater unterwegs ist, um sie besuchen zu können.

Ein paar Mal bekommen wir Auftritte bei einem Empfang im Konferenzraum eines Hotels, einmal spielen wir auf einer Hochzeit im Holiday Inn draußen am Flughafen. Moses hatte nicht unrecht: Das Geld ist gut. So gut, dass ich darüber nachdenke, aus der Wohnung im Osten auszuziehen, aber wenn du immer erst um frühestens drei Uhr am Morgen nach Hause kommst, fehlt dir jede Motivation, am nächsten Tag auch nur irgendwas zu unternehmen. Es ist in der Regel so, dass ich im Bett liege und auf die Stelle gucke, wo der Fernseher stand, den Devin mir abgeluchst hat, so lange, bis der Sonnenschein an der weißen Wand leicht gelblich wird und es Zeit ist, die Hose anzuziehen, einen Kaffee zu machen und in den Nachmittag zu starten.

Wenn du keine Träume hast, dafür aber immer genügend zerknitterte Geldscheine in der Hosentasche mit dir herumträgst, dann ist das eine ganz angenehme Existenz. Gar keine Frage: So könnte ich jahrelang weiterleben.

Meine Mutter erwischt mich am Telefon, es ist einer der wenigen Momente, in denen ich zu Hause, wach und ansprechbar bin. Ich höre es an ihrem Atmen, dass es wieder um eine wichtige Sache gehen wird.

Sie legt auch gleich los: »Willst du nicht studieren? In Deutschland kostet das nichts. Geh doch nach Deutschland zurück.«

Ich erkläre meiner Mutter, dass ich gerade erst zurückgekommen bin und dass ich gerne in Montreal sei, aber ich weiß, dass das für sie keine Argumente sind. »Außerdem«, sage ich, »sehen wir uns so viel öfter.«

»Weil du einmal in der Woche zum Essen vorbeikommst?«

»Und zum Waschen«, sage ich, aber meine Mutter faucht in den Hörer: »Du schläfst doch gar nicht, oder?«

»Doch, aber zu seltsamen Zeiten. Ich bekomme meine acht Stunden.«

Zum Abschluss erfolgt noch der Hinweis, dass Madame Delachaux sich nach mir erkundigt hätte, und ich stelle mir vor, wie ich mit ihren mittlerweile erwachsenen Kindern im Garten stehe und wir uns von ihr vom Fenster aus beobachten lassen. Der Horror.

In der Jazzband kann ich eigentlich immer besser mithalten bis zu dem Abend, an dem ich auf einer Veranda von einem Anwesen westlich von Montreal stehe und Finnisch sprechen muss, was ich nicht kann. Nie konnte. Aber nun stehe ich dort im Mondlicht und muss mit dem älteren Herrn auf Finnisch plaudern und mir seine Geschichte mit den Brieffreunden aus Finnland anhören, und meine Musikkarriere steht kurz davor, den Bach runterzugehen.

Ich habe es ja gewusst.

Am Abend zuvor habe ich zu Moses noch gesagt, dass wir uns auf Schwedisch einigen sollten, weil Finnisch immer so ausgedacht klingt.

Moses sagte: »Schwedisch? Aber das spricht doch fast jeder.«

»Ich nicht«, sagte ich.

»Ich habe mal drei Semester Schwedisch gehabt«, sagte Michael.

»Ich war mal mit einer Schwedin zusammen«, sagte Sam.

»Und ich habe mal Urlaub in Schweden gemacht und ein paar Brocken aufgeschnappt«, sagte Moses. »Siehst du? Jeder spricht Schwedisch. Viel zu riskant.«

Das mit dem Schwedisch und Finnisch ging los, als Moses die Möglichkeit bekam, für Freunde seiner Eltern auf einem großen Firmenjubiläum zu spielen. Dabei handelte es sich um wichtige Geschäftspartner, die Moses' Vater noch aus der Zeit kannte, als er mit der Klarinette die Ostküste hoch und runter getingelt ist und Miles Davis die Hand geschüttelt hat. Jedenfalls war es ein Riesending für Moses und seine Familie, dass er da auf dem Anwesen im Nichts zwischen Montreal und Ottawa mit seiner Band den Abend begleiten darf.

Moses setzte sich mir gegenüber und strich sich über die Hosenbeine. »Ich weiß nicht, ob es sich für dich bescheuert anhört, aber ...« Er nahm sich zusammen: »Können wir vielleicht sagen, dass du aus Finnland kommst?«

»Aus Finnland?«

»Genau. Sieh mal: Das sind Leute, die den Holocaust noch miterlebt haben. Sie selber, ihre Eltern, ihre Großeltern. Die sind da ein bisschen eigen.«

Ein bisschen eigen. So habe ich es noch nie formuliert gehört, wenn jemand über den Holocaust in der Biografie gesprochen hat. Ich nickte. Mir war es scheißegal. Ich habe kein Zuhause und keine Identität. Ich bin wie ein Hund, der sich überall hinlegt. Ich weiß nicht einmal, wie meine eigenen Großeltern aussehen. Ich habe keine Geschichte. Meinetwegen bin ich Finne oder komme aus Belgien oder Kroatien. »Kann ich verstehen, dass die da eigen sind«, tastete ich mich vorsichtig um jedes Fettnäpfchen herum, in das ich hineintappen könnte.

Moses schien erleichtert. »Gut. Dann bist du aus Finnland. Nur für den einen Abend.«

Für mich war klar, dass ich am besten den Abend damit verbringen würde, mich auf der Bühne am Bass festzuhalten, mich anschließend haltlos und ohne auch nur einer Person in die Augen zu sehen zu betrinken und stumm auf meine Rückfahrt zu warten.

Das alles ging auch gut – bis zu dem Moment, in dem dieser ältere Mann auf mich zukam, mir die Hand auf die Schulter legte und etwas sagte, was ich nicht verstand.

»Hyvää päivää«, sagt er noch einmal. Es hört sich an, als müsste sich ein Esel übergeben.

»Wie bitte?«

»*Hei*«, sagt der Mann.

»Hi«, sage ich.

»Ich höre, dass Sie aus Finnland stammen. Ist das richtig?«

Ich suche in der Menge nach Moses, Sam oder Michael, damit die mich hier irgendwie rausholen. Ich kann niemanden in dem Gewimmel finden. Bloß Michael baut stoisch sein Drumset auf der Bühne ab und wirkt dabei ganz in sich versunken. »Das ist absolut richtig«, sage ich.

Der Mann freut sich. Woher genau?

Fangfrage! Alle sagen Helsinki. »Aus Turku.«

»Turku?« Der Typ ist jetzt richtig, richtig begeistert. »Da wohnt mein Brieffreund Petteri. Ich war schon zweimal in Turku.«

Ich bin total am Arsch. Das Einzige, was mir helfen könnte, wäre ein Herzinfarkt. Mir egal, ob bei ihm oder bei mir. Was mich angeht, bin ich nicht weit davon entfernt.

Ich sage: »Ich bin eher aus dem Norden.«

Der Mann verwirrt: »Aus dem Norden ... von Turku? Weil die Stadt ja eher im Süden des Landes ist.«

»Genau«, sage ich. »Da sprechen wir Dialekt, im Norden von Turku. Einen starken Dialekt.«

»Deswegen haben Sie mich eben auch nicht verstanden.«

»Nicht sofort«, sage ich. »Zu Hause sprechen wir ausschließlich diesen Dialekt.« Ich merke, dass mir das Bullshitten zwar nicht schwerfällt, ich aber dennoch plötzlich anfange zu schwitzen und einen roten Kopf bekomme.

Der Mann holt eine Zigarre aus der Brusttasche seines Jacketts und schaut in den Nachthimmel. »Ja, der Dialekt klingt ein bisschen vertraut. Mir ist so, als hätte ich den schon einmal gehört.«

Ich erkläre, dass meine Eltern schon ziemlich lange ausgewandert sind, wir seit Urzeiten nicht mehr in Turku waren, auch keine Verwandtschaft mehr dort haben.

Der Mann lächelt: »Als ich so alt war wie Sie, haben wir unseren Eltern unsere deutschen Freunde und Kollegen als Schweden oder Niederländer vorgestellt.«

Wir stehen noch ein bisschen auf der Veranda. Ich sage: »Das Problem ist, dass jeder Schwedisch kann.«

»Ich nicht«, sagt der Mann und raucht. »Ich kann nur Finnisch. Und ein bisschen Deutsch. Ich habe da einen Brieffreund – Stefan. Guter Mann«, sagt er, legt mir zum Abschied die Hand auf die Schulter und verschwindet in der Menge.

Onkel Stefan aus Kassel, denke ich und muss lachen. Das kann überhaupt nicht sein. Trotzdem bin ich bis heute davon überzeugt, dass Onkel Stefan sich Briefe mit einem jüdischen Herrn aus Montreal schreibt.

Eine alte Weisheit: Es ist nie gut, wenn jemand am Abend mit dir reden will. Das ist nie der richtige Zeitpunkt, und es kann einfach nicht angenehm werden. Dennoch bin ich ein bisschen gespannt, als Moses sich mit mir für Montagabend verabredet. Zum taktischen Gespräch, wie er es nennt.

Wir treffen uns an der U-Bahn-Station Berri-UQAM, und er, nicht oft im Osten der Stadt, steht da, die Hände in den Taschen, unsicher, als müsste ich ihn am Arm führen. »Wohin?«, fragt er.

»Keine Sorge. Ich kenne ein gutes Dunkin' Donuts.«

Moses schiebt den Kaffeebecher auf seinem Tablett hin und her und sagt: »Wir wollen richtig groß werden. Die Ostküste hoch und runter. Überall Gigs.«

»Verstehe ich«, sage ich. Das kommt mir gut zupass. Ich habe nämlich auch keinen Bock mehr, hier zu sein, meine Mutter, die mir mit Studium und überzuckerten Vorschülern in den Ohren liegt und alles. Dann wird mir klar, was Moses' Worte bedeuten. »Ich bin raus, oder?«

»Wir brauchen dazu jemanden, der ein bisschen fitter am Instrument ist.«

»Fit? Ich bin fit. Ich bin ... experimentell.«

»Es gibt experimentell, und es gibt schlecht«, sagt Moses, plötzlich ziemlich businesslike.

Das verstehe ich. »Die Absicht, was?«

»Genau. Kunst ist immer Absicht.«

Ich denke nach, rufe hektisch alles Wissen ab, was mir im Hirn zum Thema Bass haften geblieben ist. »Hey. Bassspielen ist achtzig Prozent Haltung.«

»Wir brauchen jemanden, der auch die anderen zwanzig Prozent hinbekommt.«

Ich nehme einen Schluck von meinem Kaffee und nicke. »Ich habe ihn aber immer ganz gut gehalten, was?«

Moses grinst: »Wir haben gleich am ersten Tag gesehen: Der Typ hat keine Ahnung, was er spielen soll. Aber halten«, sagt er, »halten kann er ihn wie ein Profi.«

Ich denke an Devin, wie er da ausgemergelt in meiner dunklen Bude steht und nach Toast fragt. »Ich hatte auch einen verdammt guten Lehrer«, gestehe ich.

Es ist Juli, aber es regnet den ganzen Tag. Perfektes Wetter, um sich am Nachmittag mit Cristina ein Bier zu teilen und danach ins Kino zu gehen. Ihr Vater hat ihr frei gegeben und übernimmt selbst die Vertretung in der Filiale, die sie leitet. Ich stelle mir vor, wie der schwere Mann wegen mir noch einmal das orange-pinke Papiermützchen auf den Kopf stülpen muss, damit seine Tochter ausgehen kann. Wie er einen Abend lang vom Expandieren, das er sonst von der Rückbank seiner Limousine aus betreibt, aussetzen und noch einmal erleben muss, wie es sich anfühlt, wenn man den Drecksjob an der Basis macht.

Ein gutes Gefühl.

Doch auch Cristina redet nur von einem: expandieren, bis runter nach Toronto. Der Papa hat da jede Menge weiße Stellen auf der Dunkin'-Donuts-Landkarte ausfindig gemacht, gerade an den beiden großen Highways ist die Kette noch stark unterrepräsentiert.

Egal. Sie könnte mir vom Mars erzählen, denke ich, dann merke ich, dass sie genau das tut. Cristina ist wie ich fünfundzwanzig Jahre alt, aber eben Managerin. Ich könnte genauso gut einer Astrophysikerin gegenübersitzen und mir von ihr Wurmlöcher oder Wolkennebel erklären lassen, das wäre für mich genauso weit weg wie Betriebswirtschaft.

Wir sehen einen Film mit dem Hauptdarsteller aus *American Pie*, in dem er sich an einer ernsten Rolle versucht. Kurz vor Ende des Films entschuldige ich mich und verlasse den Saal, um meine Mutter anzurufen. Ich sage ihr, dass ich zurück nach Deutschland gehen werde, um zu studieren. Ihr Seufzen kann ich bis ins Kino hören. Es scheint nicht durchs Telefon zu kommen, so laut ist es.

9 Das Konzept Sprache

Wie eine Schildkröte reckt Sergey den Kopf aus dem Seitenfenster des schwarzen Benz. »Aber ich habe Wochenende. Ich habe frei.«

Ein leichter Wind zieht vom Bodensee herauf. Es ist ein feiner Sommerabend, und ich versuche, einen meiner Schüler davon abzuhalten, nach Amsterdam zu fahren. Jedes Wochenende dasselbe Theater. Ein idiotisches Schauspiel.

»Das ist doch viel zu weit weg«, sage ich.

»Ich brauche fünf Stunden hin, sieben zurück«, sagt Sergey stolz. »Montagmorgen bin ich wieder da und sitze im Unterricht.«

Ich sage den Satz, den ich dann sagen muss: »Aber morgen geht es doch nach Neuschwanstein. Ausflug!«

Sergey schüttelt den Kopf und gibt Gas, und wie immer kann ich es ihm nicht übelnehmen.

Ich sehe ihm nach, wie er mit dem schweren Mietwagen vom Parkplatz der Sprachschule auf die Straße schlingert und im Abendverkehr verschwindet. Ich bin neidisch. Neidisch auf einen Zwanzigjährigen, der mit der Kreditkarte seines Vaters ein ziemlich perfektes Wochenende verbringen wird. Mal wieder.

Den Ausflug mit meiner Gruppe werde ich mal wieder fast alleine machen.

Wie konnte es so weit kommen?

Es fing alles damit an, dass ich mal wieder dringend einen Job brauchte.

Meiner Mutter hatte ich in Montreal versprochen, dass ich es noch einmal an der Uni Leipzig als Student probieren würde, wie schon ein paar Jahre zuvor. Das ging ein Semester lang gut, im nächsten bin ich dann getürmt. Der Grund: eine gefährliche Mischung aus Langeweile und Pleitesein.

Seitdem bin ich Animateur für ausländische Studenten, die sich für ein Studium in Deutschland vorbereiten wollen. Zwanzig Stunden Deutschunterricht pro Woche, hinterher mache ich am Nachmittag und am Wochenende leichtes Programm, damit sich niemand gelangweilt fühlt. Eigentlich.

Denn in Wirklichkeit ist die Sprachschule eine Art Straflager für junge Erwachsene aus reichem Elternhaus, die einmal alles erben werden – und die es in ihrer Heimat derart übertrieben haben, dass sie in die deutsche Provinz strafversetzt werden.

Im Ausland hält sich hartnäckig der Ruf, dass in Deutschland Tugenden gelehrt werden: Pünktlichkeit, Ordnung, Disziplin. Tugenden, die – das sieht ein Blinder – den hierhin verfrachteten Pradabeschlappten Dreiundzwanzigjährigen abgehen.

Wir haben Schüler aus Russland, China, Brasilien, Mexiko, Italien und aus dem verdammten Tessin, die quasi zu Fuß vorbeikommen. Allen ist gemeinsam, dass die Eltern daheim sich über die neugewonnene Ruhe freuen und dass sie ihren erwachsenen Nachwuchs vor der Reise mit unlimited Cash ausgestattet haben.

Da Zwanzigjährige mit unlimited Cash in der Regel Besseres zu tun haben, als mit dem Animateur zum x-ten Mal nach Neuschwanstein zu fahren oder Volleyball zu spielen, schiebe ich seit ein paar Monaten am Bodensee eine ziemlich ruhige Kugel.

Was mich nicht im Geringsten stört. So habe ich es geschafft, nebenher noch einen Tretbootverleih an einem kleinen See in der Nähe aufzumachen, dem ich mich widmen kann, wenn die Sprachschüler nicht mit auf meine Ausflüge fahren, sondern lieber auf eigene Faust mit dem Miet-Benz durch Amsterdam oder Mailand preschen.

Das geht mir durch den Kopf, als Frau Stühler mich zu sich ins Büro ruft und meine Laune von ganz gut auf ganz schön schlecht sinkt.

Wahrscheinlich bin ich in meinem Leben zu oft in Büros gerufen worden. Ich kann mir nicht anders erklären, warum ich sonst immer diesen Horror bekomme, wenn ich irgendwo Platz nehme. Wenn ich am Gesichtsausdruck sehe: Jetzt wird es wichtig. Frau Stühler als Leiterin des Hauses ist natürlich daran interessiert, mit mir möglichst häufig wichtige Gespräche zu führen. Sogar am Freitagabend, wenn sie eigentlich schon längst Feierabend hat.

»Nehmen Sie Platz.« Frau Stühler zeigt auf den Parkplatz, wo Schüler ihre Mietwagen bepacken. »Warum fahren die wieder alle weg?«

Weil die reizüberflutet und innerlich tot sind und sich nur von Diamanten ernähren, sage ich nicht, sondern hebe nur die Schultern, als wäre das auch mir ein großes Rätsel, als hätte sie mir eine Frage zum Gewicht von Protonen gestellt.

Frau Stühler bleibt hart dran: »Warum nehmen die nicht am Ausflug morgen teil? Und warum gehen die nicht mit Ihnen heute Abend aus?«

Ich weiß nicht, was ich ihr sagen soll. Wenn sie nicht versteht, dass reiche Kinder lieber ihren eigenen Scheiß machen und unter sich bleiben wollen, dann ist sie einfach an der falschen Stelle. Es ist ein altes Gespräch, das wir seit Monaten regelmäßig führen. Eine nicht liebgewonnene Tradition, die nur dadurch auszuhalten ist, dass ich in Gedanken schon längst bei meinem Tretbootverleih bin.

Sie steht auf und sagt: »Schauen wir uns doch einmal gemeinsam Ihren Plan an.«

Wir verlassen das Büro und stellen uns vor die Pinnwand mit den Aktivitäten. Frau Stühler beäugt ihn angeekelt. Meine Zettel mit den Eselsohren. Tischtennis, Schwimmen, Ausflug nach Friedrichshafen und Neuschwanstein. »Grundsolide«, sagt sie zu meiner Überraschung. »Grundsolide, Alexander, aber auch wir müssen neue Wege gehen.«

Ich frage mich, ob ich träume, ob ich mir das nur einbilde. Neue Wege?

Zurück im Büro betrachte ich Frau Stühler, wie sie gewissenhaft ein paar Notizen auf der Rückseite von bereits benutztem Papier macht. Ich mag sie eigentlich. Weil sie ihre Augen bislang so hartnäckig verschlossen hat. Sie will nicht begreifen, was Kreditkarte, Mietwagen, deutsche mautfreie Autobahn und geographische Nähe zu Amsterdam aus Zwanzigjährigen macht, sie lebt in einem Traumland, in dem man grundsoliden Rundlauf an der Tischtennisplatte spielt und pfeifend gemeinsame Spaziergänge unternimmt.

»Wir werden jemanden von der Uni bekommen, eine Pädagogin.«

Ich nicke, mir egal.

»Oder haben Sie dabei Bauchschmerzen? Fühlen Sie sich dabei in Ihren Kompetenzen beschnitten?«

»Auf keinen Fall«, sage ich und habe später das Gefühl, dass sie enttäuscht ist, dass ich nicht mehr um meine Kompetenzen ringe. Aber was hätte ich machen sollen? Den Locher gegen die Wand werfen?

Mein Bootsverleih liegt etwa dreißig Kilometer vom Bodensee entfernt an einem kleinen See, der bei Wanderern und Familien ziemlich beliebt ist. Ich öffne den Verleih jeden Samstag und Sonntag, eben dann, wenn ich weiß, dass alle Schüler ohnehin unterwegs sind und niemand erwartet, dass ich tagsüber im Haus bin.

Ich habe den Verleih einem Typen abgekauft, dessen Bruder ich abends in einer Strandbar unten am Wasser kennengelernt habe. Janosch, ein Typ aus Ungarn, der ehrlich war und gesagt hat, dass sein Bruder den Verleih schon seit zwei Sommern nicht in Gang bekommt und jetzt keine Lust mehr hat. Wenn ich will, könne ich das alles – Häuschen, Steg, sechs Boote – für einen fairen Preis haben. Ich habe da schon gar nicht mehr zugehört, sondern Janosch gleich die Hand gegeben und eingeschlagen. In meinem Zwei-Bier-ein-Tequila-Hirn habe ich mich selber sofort als *Bootsverleiher* gesehen. Ich war auch sofort glücklich mit der Vorstellung, *Bootsverleiher* zu sein, meinetwegen für den Rest meines Lebens. Was für ein Job. Was für eine fröhliche Existenz. Endlich wäre ich selbstständig, ein Ziel, das ich mir während meines Hobby-Studiums in Leipzig in den Kopf gesetzt habe.

Ich war sogar noch begeistert, als ich am nächsten Tag Janoschs Bruder Petika, dem Bootsverleiher, das Geld gezahlt und dafür die Schlüssel für das Häuschen, den Steg und die einzelnen Ketten, mit denen die Boote festgemacht waren, in die Hand bekommen habe.

Ich fuhr landeinwärts und parkte auf einem Waldparkplatz, von dort aus waren es noch zwanzig Minuten zu Fuß zu dem See. Es war ein Freitagvormittag, als ich den See und meinen Besitz zum ersten Mal in Augenschein nahm. Ich stand am Ufer und fragte mich, wozu ich Schlüssel zu den Ketten habe, wenn alle Boote draußen auf dem See dümpelten. Drei davon sogar kopfüber.

Seitdem fahre ich jeden Freitagabend raus zum See, um meine Boote wieder reinzuholen und für die Ausflügler und Familien, die am Samstag und Sonntag kommen, schick zu machen. Jeden Freitagabend dasselbe. Ich muss rausschwimmen und die sechs Boote reinholen, die irgendwelche Penner unter der Woche losgemacht haben. Dann muss ich sie mit dem Schlauch reinigen, leere Flaschen, Zigaretten und Kondome entfernen. Das ist alles eine mächtig beschissene und frustrierende Arbeit, und ich kann meine schönen rot-weißen Boote mit noch so dicken Tauen und Ketten sichern, die verdammten Penner schaffen es doch, sie zu klauen. Ich habe schon ein Schild aufgestellt: *Bitte fahrt die Boote wieder an den Steg. Danke* :). Aber es hilft nichts. Es fühlt sich jeden Freitagabend so an, als ob du die gesamte Hässlichkeit der Menschheit abwaschen müsstest. Die Sonne geht über dem Waldsee unter, und ich leuchte mir mit der Taschenlampe den Weg zurück durch den Wald zum Wagen.

Wie jeden Freitagabend bin ich richtig fertig vom Bootereinholen und kann, zurück in der Sprachschule, nur noch unter die Dusche gehen und dann ins Bett fallen. Ich checke, ob nicht doch jemand mit zum angekündigten Friday-Night-Bowling will und seinen Namen auf die Liste geschrieben hat, und küsse den Himmel, weil die Liste leer ist.

Am Empfang steht eine blondgelockte Frau. Mit Koffern. Ich stinke nach See und leeren Bierflaschen und Zigaretten und muss diese Schülerin einchecken, von deren Anreise ich nichts wusste.

»Bist du Alex?«, fragt sie. »Ich bin Miriam, die Pädagogin von der Uni.«

»Hallo Miriam«, sage ich.

Ich will mich für meinen Geruch entschuldigen, aber Miriam redet gleich weiter: »Ich sollte erst am Montag kommen, aber ich dachte, es wäre sinnvoll, wenn ich schon einmal die Gegebenheiten des Hauses kennenlerne. Denkst du, dass es gut ist, wenn ich jetzt schon was mit den Schülern mache?« Sie raschelt mit einer Tüte voller Bastelmaterial und Gesellschaftsspielen.

»Weißt du, wie alt unsere Schüler sind?«

»Ja«, sagt sie und sonst nichts weiter.

Ich erkläre ihr, dass sie die Studenten gerne aus dem Dance Palace unten in der Stadt holen kann, um mit denen einen gemütlichen Abend zu verbringen, vorausgesetzt, sie kann sie in der Dunkelheit finden und hat hohe Absätze dabei, um überhaupt in den Laden zu kommen.

»Das meinst du jetzt aber nicht ernst, oder? Denkst du, dass es gut ist, wenn ich das tatsächlich mache? Nein, oder?«

Ich gebe ihr den Schlüssel zu ihrem Zimmer und verschiebe das Nachdenken über Gut und Schlecht auf den nächsten Tag.

Wir sitzen in Frau Stühlers Büro und warten, dass die Chefin kommt. Miriam erzählt, dass sie gerade aus Australien und Malaysia zurückgekehrt ist. »Völlig andere Welt«, sagt sie. »Ich wollte dir davon schon am Wochenende erzählen, aber ich habe dich nicht finden können.«

Kein Wunder. Ich war draußen bei meinem Bootsverleih, wo eine kleine Wolkenfront für mäßiges Geschäft gesorgt hat. Wolkenfront bedeutet wenigstens, dass die Penner mir in der Nacht von Samstag auf Sonntag nicht die Boote klauen, sodass ich am Sonntag entspannt und ohne böse Überraschungen den Steg aufschließen kann.

Miriam sagt, dass sie Australien ganz schön *geflasht* hätte. »So völlig anders.«

Ich lege den Kopf in den Nacken, schließe die Augen und denke: Jeder deutsche Dörfler ist von Australien begeistert. Es ist das eigene Dorf im Ausland und in warm. Ganz weit weg, und trotzdem sprechen alle Englisch, trotzdem ist es so nah wie möglich an der eigenen Komfortzone und dem, was man halt so gewohnt ist.

»Aber leider ganz schön teuer«, seufzt Miriam, und plötzlich tut sie mir leid. Ich will sie am liebsten in den Arm nehmen und ihr sagen, dass es noch viele andere Länder gibt, durch die sie mit weit aufgerissenen Augen rennen und von denen sie sich *flashen* lassen kann, Länder, die auch richtig, richtig billig sind.

Dann kommt endlich Frau Stühler zu dem Termin, den sie mit uns ausgemacht hat.

Eigentlich weiß ich bereits ganz genau, was sie sagen wird. Ich soll Verantwortung abgeben, man will die Schüler mehr an das *Konzept Sprache* binden. Ich stelle mir Sergey oder Chen vor, Alice,

Chiara, Evgeniya und Juan. Sie alle werden bald an das Konzept Sprache gefesselt sein.

Frau Stühler sagt, dass ich dafür mehr im organisatorischen Bereich tätig sein werde, was für mich verdammt gefährlich nach Stangenschleppen, Rasenmähen und Bahama-Beige klingt. Die komplette Jim-Ausbildung. Soll mir recht sein.

Dann sehe ich, wie Miriam und Frau Stühler einander verliebte Blicke zuwerfen, höre, wie sie über Theater, darstellendes Spiel und Reisen reden, und drifte weg, denke darüber nach, wie ich meine Boote ein für alle Mal festbekomme.

»Denkst du, dass es gut ist, wenn ich gleich mal das Theaterprojekt anleiere?«

Ich sehe wieder Sergey und Chen vor mir, Alice, Chiara, Evgeniya und Juan. In Strumpfhosen, beim großen Sein oder Nichtsein.

»Auf jeden Fall«, sage ich. »Mann, Theaterprojekt. Hätte ich eigentlich auch selber drauf kommen können«, sage ich und schlage mir mit der Hand an die Stirn.

»Das meinst du jetzt aber nicht ernst, oder? Denkst du, dass das eine gute Idee ist?«

Ich gehe raus auf den Parkplatz und sehe nach, ob es irgendwelche Stangen gibt, die ich für den Rest des Tages top-organisatorisch von einer Ecke in die andere räumen kann.

Janosch sagt, dass ich die Hose einfach ausziehen soll. Ist doch niemand da. Janosch hat seine eigene Hose schon vor ein paar Minuten ausgezogen und steht seitdem bis zu den Knien im Wasser. Ich kann nicht anders, ich muss auf seinen Penis starren, der zwischen seinen Schenkeln baumelt.

Er hat die Arme ausgebreitet. »Komm einfach rein. Ist super hier.«

Wir sind an einen anderen See gefahren, der noch weiter landeinwärts liegt als der, an dem ich meinen Verleih habe.

Janosch ist der erste Angestellte meines Lebens. Den neuen See kennt Janosch, weil er als Kind mal mit seinem Bruder Petika hier gewesen sein will.

Ich habe ihn neulich wieder in der Strandbar getroffen. Er hat mich gefragt, wie es mit den Booten läuft und ob ich mehr Erfolg hätte als Petika, und ich habe ihn gleich festgenagelt, ob er nicht für mich arbeiten will. Als Securitymann.

»Security?« Janoschs Augen glänzten.

»Du musst nur auf ein paar Boote aufpassen. Nachts.«

»Draußen am See? Ich weiß nicht. Ich habe noch nie vorher gearbeitet«, sagte er. »Aber klingt eigentlich super.«

»Was hast du denn bislang immer gemacht?«, fragte ich ihn.

»Mein Bruder hat ziemlich viel Geld«, sagte Janosch.

Seitdem ist Janosch für mich das, was ich damals für Jim war. Einer, den du in der Wildnis abstellst. Der Golfplätze oder Bootsvermietungen bewacht. Für Geld.

Mir wird klar: Wenn du nicht einmal für Geld jemanden in die Einöde gestellt hast, dann bist du kein Geschäftsmann. Dann bist du vielleicht ein Mann, der ein Geschäft hat. Einer, der Eigentum hat. Aber du bist noch lange kein Geschäftsmann. Nur ein Mensch, der abseits jeglicher Zivilisation für dich frierend ausharrt, der ist ein untrügliches Zeichen dafür.

Ich bin sogar schon einen Schritt weiter. Denn im Gegensatz zu Jim bezahle ich meine Angestellten.

Ich betrachte die Landschaft. Blick auf die Voralpen. Hohe Tannen. Dann ziehe ich mir die Hose aus. Ist jetzt auch egal.

Ich betrachte Janosch, wie er vor mir im Wasser planscht. Der Typ ist bestimmt schon dreißig, muss aber irgendwo falsch abgebogen sein. Denn Janosch glaubt an Wikinger. An Ninjas. An Zauberer. Wenn es irgendwo in einer bunten Geschichte einen freundlichen Drachen gibt und einen Kerl, der aus seinen Händen Feuerbälle schießen kann, dann stehen die Chancen mehr als gut, dass Janosch dir eine detaillierte Inhaltsangabe davon geben kann. Wenn du dann nicht schnell genug das Thema wechselst, stehen die Chancen extrem gut, dass er nach ein paar Sekunden mit seiner Nacherzählung schon tief im zweiten Akt steckt, um die nächste Viertelstunde damit zu verbringen, dir in allen Einzelheiten den großen Showdown zwischen gutem und bösem Magier vorzuspielen.

Meistens geht es so los: »In so einem Wald gibt es eine gute Frau, die mit den Bäumen reden kann.«

»Sieht sie gut aus?«

»Das steht nicht in der Geschichte. Aber bestimmt, doch, denke schon.«

Es ist rührend, er gibt sich wirklich Mühe, dass du bei der Zauber-und-Taekwondo-Story am Ball bleibst.

Als er mir vor ein paar Tagen von diesem See erzählt hat, wurde ich gleich neugierig. Denn Expansion, Freunde! Man kann mit einem einzelnen Bootsverleih nicht so gut in die Selbstständigkeit driften. Das habe ich noch vor meiner Abreise von Cristina gelernt: Expansion ist das Einzige, was jederzeit vorangetrieben werden muss.

Janosch beschrieb diesen See als abgelegenes Schmuckstück, so kristallklar, wie es noch kein Mensch gesehen hat. Ich muss sagen, dass er recht hat. Das ist wirklich ein verdammt feiner Waldsee, und ich kann mir gut vorstellen, dass im Sommer viele Menschen einen Umweg machen, um hier einen sonnigen Nachmittag auf einem Tretboot zu verbringen. Ich würde einen Eisstand aufmachen. Vielleicht noch einen Fahrradverleih weiter unten an der Landstraße.

Ich träume so vor mich hin, als ich sehe, dass Janosch mit skeptischem Blick zum Ufer guckt. Ich drehe mich um.

Am Ufer stehen zwei junge Typen. Die Dorfjugend.

Der eine sagt: »Hey. Ihr Homos.«

»Hallo!«, rufe ich. *Hallo* ist die falsche Antwort, aber ich bin so überrascht, dass mir nichts anderes einfällt.

Die beiden Typen kommen über *Hallo* als Antwort auch nicht richtig hinweg, sie starren uns Nackte an. »Hallo?«, fragt der linke, etwas größere Typ den anderen. »Hallo?« Dann wieder zu uns: »Wir mögen hier keine Scheiß-Homos.«

»Okay«, sage ich. »Wir sind keine.«

»Und warum seids ihr dann hier ganz nackert? Alle beide? Und warum seids ihr hier so ganz allein?« Der rechte, ziemlich hässliche Typ hakt nach.

Janosch und ich sehen uns an. Warum eigentlich?

Dann aber fällt mir etwas wie mit dem Blitz geschossen ein, und ich weiß bis heute nicht, wie ich die Verbindung hergestellt habe. »Hey«, schreit es aus mir heraus. »Hey! Hey! HEY!« Es ist stärker als ich, ich weiß nicht, woher es kommt.

Die beiden sehen sich verwirrt an.

Ich schreie: »Seid ihr die Typen, die immer meine Tretboote losmachen? Hä?«

»Tretboote?«, fragt der Hässliche. »Tretboote? Fick dich, Homo.«

»Tretboote?«, fragt der Große, der plötzlich ein Messer in der Hand hat.

Aber ich kann nicht aufhören, die Typen anzuschreien. »Tretboote, Mann. Meine Tretboote. Meine verdammten Tretboote. Seid ihr die beschissenen Spinner, die die immer losmachen? Das seid ihr, oder?«

Der Hässliche guckt den mit dem Messer an und schüttelt den Kopf.

Ich frage Janosch: »Kommen die dir bekannt vor? Hast du die schon mal nachts bei meinen Tretbooten gesehen?«, aber Janosch sagt nur »Pssssst« und »Komm jetzt« und »Hey, hey, easy, ja?«

Aber ich bin richtig in Fahrt. Ich bin nackt, aber das ist mir total egal. Ich steige langsam aus dem See. »Seid ihr die Scheißpenner, die mir die Tretboote losmachen? Wisst ihr eigentlich, was das für eine Scheißarbeit ist, die jeden Morgen wieder reinzuholen, ihr verdammten Scheißpenner?«

»Hey«, sagt Janosch, »Alex, hey.«

Aber da ist mit einem Mal gar nichts zu machen. Das Andenken an jeden einzelnen regnerischen, kalten Freitagabend, an dem ich meine aneinanderklatschenden Boote aus der Seemitte holen musste, ist zu viel für mich. Die Kraft, die es kostet, ein kieloben schwimmendes Boot im Nieselregen wieder in die richtige Position zu drehen, hat sich mir tief in alle Muskeln gebrannt. Ich stehe schon bis zur Sacknaht an der Wasserkante und marschiere weiter auf die Spinner zu. Ich bin noch nie so verdammt wütend gewesen. Die Sonne, der Blick auf Janoschs Penis, diese extreme Stille über der ganzen Szenerie, der Gedanke an mein mäßig funktionierendes Geschäft, die Tatsache, dass ich in der Sprachschule quasi vor meinen Augen abgesägt worden bin, das alles hat an diesem Nachmittag etwas mit mir angestellt, ist mir unrettbar tief in die Psyche gefunkt. »Seid ihr die verdammten Arschgeigen? Seid ihr das?«

Der Hässliche zieht sich zurück, und auch das Messer geht langsam rückwärts in den Wald.

»Tretboote!«, rufe ich ihnen hinterher. »Tretboote! Ja, haut ab, ihr Scheißidioten. Ich kenne euch jetzt. Ich kenne jetzt eure Gesichter. Ihr seid dran. Ich finde euch. Ich finde euch. Scheißpenner!« Ich habe noch nie einem Menschen gedroht, und ich muss zugeben, dass es ein exzellentes Gefühl ist. »Ich bringe euch um! Ich stech euch ab!« Ich stehe da im See und schreie den Typen hinterher, so lange, bis ich heiser bin und Janosch es als sicher erachtet, neben mir aufzutauchen und zu sagen, dass sie längst außer Hörweite sind, außerdem unsere Klamotten geklaut hätten, und ob ich vorhin so klug gewesen sei, wenigstens den Autoschlüssel oder mein Telefon unter einem Stein zu verstecken.

Bestimmt würden sie auch die Karre klauen. Ich hoffe es sogar, weil ich dann einen weiteren Grund hätte, ihr Dorf ausfindig zu machen und dann jedes einzelne Haus in der Gemeinde niederzubrennen.

Wir pirschen barfuß durch den Wald bis zurück zum Parkplatz, wo mein Passat noch steht. Ich habe wenigstens mein viel zu kurzes T-Shirt an, das sie dagelassen haben. Janosch hält sich seine Mütze vor den Schritt, auf der *Landesmeister 1983 HSV* steht. Mehr ist uns nicht geblieben.

Die Spinner waren entweder zu doof oder zu desinteressiert, um nach dem Wagen auf dem Parkplatz zu suchen. Oder sie hatten Angst. Jedenfalls steht mein alter Passat noch da und hat nicht mal Kratzer oder eine eingeworfene Scheibe.

»Hast du schon mal einen Wagen geknackt?«, fragt Janosch.

»Klar, ich bin früher für Saïd Taxi gefahren«, sage ich, weiß aber, dass ich überhaupt keine Ahnung habe, wie ein Auto eigentlich funktioniert.

Ich schlage die hintere Scheibe auf der Beifahrerseite ein und öffne die Türen. Dann schieben wir den Wagen auf die Landstraße, was richtig, richtig lange dauert, weil der Parkplatz voll mit spitzen Kieselsteinen besät ist und wir auf unsere nackten Fußsohlen keinen richtigen Druck bekommen.

Dann steht der Passat endlich auf der Straße und kann angeschoben werden. Die Sonne geht hinter dem Wald unter, es wird schnell dunkel. Das Problem ist, dass Janosch und ich uns nicht einigen können, aus welcher Richtung wir gekommen sind. Wir streiten uns ein paar Minuten, aber ich bin von dem Erlebnis noch richtig gut aufgepumpt und kann mich durchsetzen. Wir fangen an zu schieben, suchen eine Stelle, an der es leicht abschüssig ist. Nach ein paar Minuten weiß ich, dass wir in die falsche Richtung schieben, aber ich sage nichts, und Janosch ist zu nett, um mich darauf hinzuweisen.

Wir frieren beide und wechseln uns mit dem T-Shirt ab. Die Gegend ist so abgelegen, dass niemand vorbeikommt. Ich weiß nicht, ob das nicht sogar besser ist. Denn was, wenn man dich so sieht und dein Ruf als Unternehmer ist in der Region für alle Zeiten im Eimer? In Berlin würden sie dich mit der HSV-Mütze vor dem Gemächt als *Deutschlands coolsten Tretbootgott* feiern, aber hier? Zwischen Bodensee und Biberach?

Wir kommen an eine leicht abschüssige Stelle. Ich löse die Klappe zur Motorhaube, dann hole ich die Taschenlampe aus dem Handschuhfach und leuchte den Motor an.

Janosch sagt: »Ich dachte immer, man muss so Kabel unter dem Lenkrad verbinden. Grün und rot.«

»Das ist im Film«, sage ich, habe aber eigentlich auch keinen Plan, was ich suche. Auf dem Motorblock liegt eine große tote Spinne.

»Hey. Vielleicht brauchen wir einfach eine neue Spinne.« Er grinst. »Sorry, ich weiß echt nicht, wie Motoren funktionieren.«

»Du setzt dich jetzt ans Lenkrad, und dann schiebe ich.«

»Und dann?«

»Keine Ahnung.«

In dem Moment fällt von hinten ein Lichtkegel auf den Wagen, ich sehe, wie sich ein Auto nähert. Schnell ziehe ich mir das T-Shirt aus und halte es mir vor den Schritt und winke wie ein Irrer.

Eine Frau hält. Ungefähr für die Dauer einer Sekunde. Ich sehe im Licht der Tachobeleuchtung, wie ihr Gesicht sich angewidert verzerrt, sie Gas gibt und in die Dunkelheit verschwindet.

»Wieso hat sie nicht angehalten? Wieso?« Ich kann es nicht fassen.

»Sie hat bestimmt keine Lust, von zwei Nackten belästigt zu werden.«

»Schon klar, aber wir waren doch beide bedeckt.«

Janosch sagt: »Du. Du warst bedeckt. Mit dem T-Shirt.«

»Und die Mütze? Was hast du mit der Mütze gemacht?«

»Die hatte ich vor dem Gesicht. Was soll ich anderes machen? Mich kennen hier Leute in der Gegend.«

Später liege ich auf der Rückbank des Passats und sehe mir die Sterne an, die klar und hell am Himmel stehen. Durch das kaputte Fenster kommt kalte Luft, und ich bin mir sicher, dass ich mindestens zehn Glasscherben im Bein stecken habe.

Janosch hat das T-Shirt an und entspannt auf dem nach hinten gelehnten Beifahrersitz. »Eigentlich sind wir ein ganz gutes Team«, sagt er.

»Denkst du?«

»Oh Mann, ja«, sagt er und ist schon fast eingeschlafen.

Ich friere und hoffe darauf, dass ein Auto uns einsammelt oder dass die Frau vorhin wenigstens die Polizei nach uns geschickt hat. Eigentlich, merke ich, fühle ich mich ganz gut. Erschöpft. Wie ein Mann, der gerade sinnlos mit voller Kraft gegen jede Wand gerannt ist und sich jetzt ein kleines Päuschen verdient hat.

Am nächsten Tag werde ich von Frau Stühler zur Schnecke gemacht, weil ich am Vorabend abwesend war und *die Generalprobe* für *das Stück* verpasst habe.

Stück? Generalprobe? Ich verstehe nichts, entschuldige mich aber für meine Abwesenheit. Ich kann Frau Stühler unmöglich klarmachen, was ich in der letzten Nacht erlebt habe und wie ich dann mit Janosch massiv unterkühlt am frühen Morgen eine Tankstelle gefunden habe, dessen Besitzer wir rausgeklingelt haben, damit er uns zwei seiner alten Hosen verkauft und ein Taxi aus der Stadt holt, das alleine hundert Euro *für die Anfahrt* verlangt hat; dass ich dann mit dem Ersatzschlüssel in aller Frühe mit demselben Taxi zurück zum Passat gefahren bin, nur um den Wagen völlig demoliert vorzufinden, auf der verbeulten Motorhaube die Worte *Scheis Homos* eingeritzt.

Miriam kommt ins Büro und ist so nett, mich auf dem Laufenden zu halten. Miriam wollte *das Stück* gemeinsam mit den Schülern schreiben, aber die hatten kein Interesse, deswegen hat sie es schnell selber geschrieben. Sie lächelt. »Kein großes Ding«, sagt sie schüchtern-stolz. »Denkst du, dass das Essen hier zu schwer ist? Dass das Essen die Schüler so träge macht? Denn ich merke schon, dass die nicht so viel Energie auf die Proben verwenden.«

Unsere Schüler haben genau zwei Interessen: Geld und Dinge, die man mit viel Geld machen kann. Alles andere ist nicht unbedingt in ihrem Wesen abgespeichert. Denn du musst dir vorstellen, dass das Leute sind, die in ihrer Heimat rausgeflogen sind, die es selbst für die laxen Regularien von *Schwellenländern* übertrieben haben, in denen man gerne mal zeigt, was man hat. Selbst da galten die als arrogant oder neureich. Wir haben hier ein All-Star-Team an Geldadel versammelt, das definitiv nicht an zu schwerem Essen leidet.

Das möchte ich ihr sagen, aber ich sage kein Wort. Im Gegenteil. Ich entschuldige mich noch einmal und gelobe Besserung. Ich muss noch ein bisschen hier bleiben. Denn ich habe mich auf der Fahrt im Taxi zu einer wichtigen Business-Entscheidung durchgerungen.

Petika lässt sich von Janosch die Tür des Benz öffnen und steigt langsam aus, gibt mir die Hand. Sonnenbrille. Hochgestellter Kragen. Ist das derselbe Typ, dem ich vor zwei Monaten die Tretboote abgekauft habe?

Petika lächelt und sagt, dass er sehr erfreut sei, neben ihm sein Fahrer, der auch erfreut ist.

Und ich stehe da ohne Crew. Ohne Typen in Hoodies, die sichergehen, dass das Geschäft zu meinen Gunsten über die Bühne geht.

Wir gehen ein paar Meter am Ufer des Bodensees entlang, wo ich ihm erkläre, dass er das Geschäft gerne wieder übernehmen kann.

»Janosch hat mir schon erzählt, dass es nicht hingehauen hat. Woran liegt das?«, fragt er mit dem Ton eines Klassenlehrers, der wissen will, warum du nicht genug für den Test gelernt hast.

»Schlechtes Wetter«, sage ich und werfe Janosch einen verschwörerischen Blick zu.

Janosch war so nett und hat seinen Bruder angerufen, damit der sich der Sache annimmt. Petika muss sein ohnehin schon richtig großes Vermögen noch einmal mächtig aufgestockt haben. Ich sage: »Was ist los? Gute Geschäfte gemacht?«

»Ich sag dir was: Seitdem ich aus dem Tretboot-Geschäft ausgestiegen bin, lief es jeden Tag besser.«

Petika erklärt, dass er die Boote nicht zurücknehmen werde, Aberglaube und so, dafür aber jemanden kenne, und ich höre schon gar nicht mehr zu, sondern warte nur ab, welche Summe er mir am Ende nennt und ob Petika das Geld gleich dabeihat.

Ich will Petika die Schlüssel geben, aber er sagt: »Die fasse ich nicht an.« Er lässt sie seinen Fahrer entgegennehmen und überreicht mir einen schmalen Briefumschlag mit Geld.

»Normalerweise wickle ich so etwas nicht auf diese Weise ab ...« sagt er belustigt. Der Typ ist höchstens sechsundzwanzig Jahre alt und wickelt so etwas normalerweise anders ab. Ich muss lachen.

»Ich auch«, sage ich und stecke den Umschlag ein. »Normalerweise zwinge ich die Menschen, mir das Geld in den Hintern zu stecken.«

Offene Münder. Ich weiß nicht, warum ich mittlerweile so aggressiv bin. So kann man auf lange Sicht keine Geschäftsbeziehungen aufbauen. Unsicheres Lächeln bei Janosch, Petika und dem Fahrer, der wahrscheinlich ein Kommilitone von Petika ist.

»Willst du denn gar nicht nachzählen?«, fragt Petika.

Ich werde den Teufel tun und das Geld anfassen. Nicht das verhexte Tretboot-Cash.

Man glaubt, dass es im Geschäft nur um Zahlen und Plus und Minus geht, denke ich und schlendere so am Bodensee entlang, aber eigentlich ist das meiste doch Hokuspokus. Wie du es drehst und wendest, die Geschäftswelt ist hart.

Ich komme spät am Abend in die Sprachschule zurück und sehe, wie Miriam im Saal steht und lacht. Sie steht da in dem abgedunkelten Gemeinschaftssaal im Licht eines einzelnen Scheinwerfers. Mit einem Mal wird mir klar, dass ich hätte studieren sollen. Nicht nur vorhaben sollen zu studieren, sondern das ganze Programm, bis man am Ende immerhin Pädagoge ist.

Ich sehe an Miriam vorbei und erkenne in der Dunkelheit meine Schüler. Dann erkenne ich, dass sie alle in Kostümen stecken. Chen huscht noch schnell verkleidet an mir vorbei in den Saal. Er sieht mich an. Sein Blick sagt: *Du hättest es aufhalten können, warum hast du nichts getan?* Sein Gesicht ein einziger Ausdruck von Qual, Verzweiflung und maßloser Enttäuschung.

»Es tut mir leid«, sage ich, aber er ignoriert mich und stellt sich in die Reihe der Schüler hinter Miriam.

Dann gehen die Lichter an, und im Gemeinschaftssaal beginnen sie, das Stück von Miriam zu proben. Lustlos, monoton, als wüssten sie, dass sie gleich nach der Aufführung erschossen werden. Ein Bild, von dem ich weiß, dass ich es nie wieder aus dem Kopf bekommen werde, egal, wie sehr ich mich bemühe.

Miriam steht neben mir und flüstert: »Denkst du, dass es gut ist, wenn wir den Vorhang erst einmal nur zu zwei Dritteln öffnen?«

»Was?«

»Denkst du, dass es gut ist, wenn wir noch schnell das Ende umschreiben? Ich will eigentlich doch ein gutes Ende für Romana und Florus«, sagt sie.

»Worum geht es überhaupt?«

Ich schaue Miriam an, die die Stirn runzelt. Durch einen Spalt in den mit Geschenkpapier verdunkelten Fenstern sehe ich, wie Sergey auf dem Parkplatz seine leichte Reisetasche zum wochenendgemieteten Benz bringt, sich hinter das Lenkrad setzt und ausparkt.

Ich renne an Miriam vorbei aus dem Saal, aus dem Gebäude und springe vor den schwarzen Wagen, Sergey kann gerade noch abbremsen. Er lässt das Fenster runter: »Hey. Tut mir leid. Das hatten wir jetzt schon öfter«, sagt er, angemessen genervt. »Aber ich will wirklich, wirklich nicht mit zu deinem Ausflug kommen.«

»Aber ich zu deinem«, sage ich und sitze schon auf dem Beifahrersitz.

Miriam kommt aus der Tür und ruft: »Denkst du, dass es gut ist, wenn wir Musik mit in die Aufführung nehmen? Wenn ich noch schnell ein Lied dafür schreibe …?«

Ich rufe: »Fahr, fahr, fahr!«, und Sergey schafft es bis zur Straße, muss dort aber wegen Fußgängern warten.

Da taucht Miriam plötzlich neben meinem offenen Beifahrerfenster auf und sagt: »Denkst du, dass es gut ist, wenn …«

»Fahr«, sage ich wieder und schließe das Fenster. »Los, los, los, fahr, fahr, fahr!«

Kurz hinter Stuttgart rattert der Wagen auf den Standstreifen, Sergey ist eingeschlafen.

»Wow, Mann«, ruft er und lenkt den Benz wieder auf die Spur, reibt sich die Augen. »Wo sind wir?« Er guckt auf das Navi und schüttelt den Kopf. »Verrückt. Immer an der gleichen Stelle.«

Mir ist es egal. Ich tue nur das, was ich tun muss. Denn wenn du unter dreißig bist, einen Umschlag voller Cash in der Tasche und gerade zwei Jobs an einem Tag in den Sand gesetzt hast, dann bist du dazu verpflichtet, die nächste Reisemöglichkeit direkt und ohne Zwischenhalt nach Amsterdam zu nehmen.

10 Mark, der Sohn des Hauses

Ich sehe in den Spiegel. Sonja zeigt mir die Frisur von hinten und von der Seite. Ich habe gehofft, dass ich dieses Mal einen netten, ordentlichen Haarschnitt bekomme, die leichte Version *von damals,* die sie den Leuten machen, die noch einen Job neben dem Statistendasein haben – aber nein. Der Haarschnitt für die Rolle ist so wie immer. Es ist *der volle Nazi.*

Das bedeutet, dass die Heimfahrt von Babelsberg nach Schöneberg später unangenehm wird. Dass die eigens dafür mitgebrachte Mütze zum Einsatz kommen muss. Die ersten Male war es noch faszinierend, sich als rotnasigen Rüpel aus den Zwanzigern und Dreißigern im Spiegel zu entdecken, aber mittlerweile ekelt man sich sehr schnell vor sich selbst, und man kann es nicht mehr ertragen, wenn einem der volle Nazi im Spiegel gezeigt wird, selbst wenn Sonja dabei dieses leicht entschuldigende Gesicht macht: So steht es nun mal in den Anweisungen.

Später sitze ich in der Maske und lasse mich schminken. Das geht schon seit ein paar Monaten so, dass ich in Berlin in Fernsehfilmen mitspiele. Es ist leichtverdientes Geld. Du sitzt ein bisschen herum, tust den anderen Statistinnen schön. Dabei gibt es unendlich viel Arbeit. Denn ARD und ZDF brauchen für ihre Weltkriegsschmonzetten Nazis, Kriegsheimkehrer, Kriegsgefangene, Männer, die in Trümmern stochern und Deutschland wieder aufbauen. Ich stelle mir vor, wie bei ARD und ZDF gerade absolute Untergangsstimmung herrscht: noch so viele Drehbücher und deutsche Schicksale, die man binnen kürzester Zeit verheizen muss, und das Kernpublikum stirbt unerbittlich weg.

Mich haben die natürlich sofort genommen. Wenn du blond bist und ein bisschen fertig aussiehst, dann bist du wie geschaffen für die Rollen, die sie für die Filme und Weihnachts-Dreiteiler brauchen. Ausgezehrte, Entkräftete, Menschen, die von *Weltkriegen* gezeichnet sind und final am Abgrund taumeln.

Wenn ich in der Maske sitze und sie das Make-up für den lungenkranken, gichtgeplagten Kriegsgefangenen hervorholen, bin ich meist schon nach ein paar Pinselstrichen im Gesicht fertig und erhalte einen dankbaren Blick von der Maskenbildnerin.

Ta-daaa!

Sonja kämmt mir die Haare zu Ende und sieht zu, wie mir die Maskenbildnerin Ruß und Schmutz ins Gesicht zeichnet und die Wangen noch hohler schminkt, als sie ohnehin sind. Sonja nickt und sagt: »Du kannst es hier weit bringen.«

Ich nicke und betrachte mein hungriges Weltkriegsgesicht im Spiegel. Ganz genau. Das denke ich nämlich auch.

Wir stehen draußen vor dem Dom am Büfett. Nachtdreh, Gehaltszulage, der Kaffee ist gut. Berlin im Spätsommer. Das Leben könnte nicht besser sein. Als Statist bekommst du zwar nicht die Sechskorn-Quinoa-Chia-Sachen der richtigen Darsteller, die am anderen Ende des Sets sitzen und nicht miteinander reden, aber dir wird versichert, dass das Catering sich auch so *viel Mühe gibt,* und außerdem, hat mir ein anderer Typ gesagt, ist dies der beste Ort, um Kontakte zu knüpfen. Zum Beispiel mit Claudio, der Legende unter den Statisten.

Claudio, lange schwarz gefärbte Haare, dicklicher Typ, kommt ans Büfett, lädt sich den Teller voll und grüßt mit vollem Mund, dann verzieht er sich nach Gottweißwohin.

Er hat diese Präsenz, sagt der Statist neben mir, auf leicht peinliche Weise vom Kollegen begeistert, und erklärt, dass Claudio schon über sechzig ist und noch nie im Leben was anderes gemacht hat, als in Berlin als Statist zu arbeiten. Seit den Siebzigern lebt Claudio davon, dass man ihm pro Drehtag fünfzig Euro bezahlt und ihn mit feinster B-Ware vom Büfett am Leben erhält.

Und wenn man ihn sich so ansieht, dann scheint er nicht unglücklich zu sein. Im Gegenteil. Claudio rührt in seinem Kaffee und starrt dabei auf das Kreuzworträtsel. Es heißt, dass er das Kreuzworträtsel aus dem *Tagesspiegel* in weniger als drei Minuten lösen könne. Komplett. Angeblich kennt er sogar die Antworten auf die Flussfragen.

Ich frage, ob Claudio schon einmal eine Sprechrolle hatte.

Antwort: »Du weißt, dass die Chance, dass ein Statist einmal eine Sprechrolle bekommt, bei gleich null liegt, ja?«

Das weiß ich, ja. Es wurde mir oft genug gesagt.

Antwort geht weiter: »Tjaaa, aber unser Claudio hier hat tatsächlich schon mehrmals den einen oder anderen Satz in die Kamera gesagt. Also, eben nicht direkt in die Kamera, er ist ja Profi.«

Dafür habe er fette Zulagen abkassiert, berichten mir die anderen Statisten, und ich kann dem Neid förmlich dabei zuhören, wie er aus den Sätzen ätzt.

Nach dem Nachtdreh stülpe ich meine S-Bahn-Mütze über die Nazifrisur und fahre im Morgengrauen in meine Schöneberger Wohnung, wo ich versuche, nicht meiner Vermieterin zu begegnen. Meine Vermieterin ist vierzig, bewohnt eine große Wohnung an der Julius-Leber-Brücke, wo sie sich langweilt und aus lauter Langeweile ein Zimmer »an Studenten und so« vermietet. Erst hat sie mir wochenlang von ihrem Ex-Mann erzählt, was schon nervig war. Dann hat sie auf dem Tischchen für Post im Eingang der Wohnung einen Lohn-Abrechnungsschein für Komparsen entdeckt und ist förmlich ausgeflippt. Sie nimmt seitdem an, dass ich beständig Kontakt zu den Superstars des deutschen Films, Yvonne

Catterfeld und Uwe Ochsenknecht, hätte. Ich bringe es nicht übers Herz, ihr zu sagen, dass ich für Yvonne Catterfeld nicht wichtig genug bin und von Uwe Ochsenknecht nur träumen kann.

Ich schleiche mich in mein Zimmer und betrachte noch einmal meine Nazi-Frisur. Oh Gott. So sieht es also aus, wenn jemand kein gutes Haar an dir lässt.

Am nächsten Tag kommt Claudio auf das Büfett zugewalzt. Ich stehe am Tisch und stocher in dem Salat auf meinem Papptellerchen herum und bereite mich auf das Schauspiel vor, das Claudio jedes Mal am Büfett veranstaltet. Dann weicht er in letzter Sekunde vom Kurs ab und tritt auf mich zu. Er zeigt auf mich. »Du machst hier eine janz schöne Welle, wa?«

»Wie bitte?«

»Ja ja. Du. Das habe ich vom Regisseur gehört. Du bist dem aufgefallen. Kann das sein? Stell dir mal vor.«

Die Chancen, wiederhole ich in meinem Kopf, dass ein Statist auch nur irgendwie über Rumstehen, Rumlaufen oder Rumsitzen hinaus agiert, liegen bei exakt null Prozent. Es gibt nicht einmal Legenden darüber. Außer natürlich die von Claudio, der da dick und rotnasig vor mir steht und den Zeigefinger immer noch ausgestreckt hält.

»Der Goran, der Regisseur, der hat da vielleicht was für dich«, sagt er. »Aber Vorsicht: Der Neid hier ist riesig.«

Claudio dampft ab, bedient sich am Büfett und zieht sich dann mit seiner Zeitung unter dem Arm in eine ruhige Ecke zurück.

Ich bin ziemlich euphorisiert. Eine Sprechrolle würde mehr Geld bedeuten, mehr Geld und – wer weiß – Folgeengagements. Die wiederum besser bezahlt wären. Ich wäre ein Quereinsteiger im Filmbetrieb. Alle meine Probleme wären gelöst. Vorabendserien. Zu Gast in Talkshows. Vielleicht eine kleine Kinorolle, erst mal bescheiden bleiben. Natürlich würde ich sofort einen Tretbootverleih aufmachen. In Berlin. Mit Sekt und iPods mit personalisierter Playlist. Größer kann ich einfach nicht träumen. Das muss reichen.

Ich stehe da am Büfett und verpasse fast meinen Einsatz für die Szene, in der ich als SA-Mann immer und immer wieder im Hintergrund an eine Tür klopfen muss. Das geht so den ganzen Nachmittag, bis es zu dunkel wird und der Dreh abgebrochen werden muss, ich meine Anti-Frisur-Mütze aufziehe und in die S-Bahn steige und mir unterwegs eine Fantasie als Schauspieler mit ordentlicher Bezahlung und nebenbei Tretbootverleih am Spreeufer zusammenfiebere.

Doch es gibt einen Haken, und ich weiß gar nicht, ob ich deshalb auf Claudio wütend sein soll oder nicht. Denn einerseits hatte er recht, ich habe tatsächlich einen besonderen Auftrag vom Regisseur bekommen. Andererseits stellte sich heraus, dass ich bloß ein Handdouble sein soll, was mir fünfzehn Euro extra pro Drehtag einbringt und darüber hinaus das Gespött aller Kollegen.

Für fünfzehn Euro das Handdouble eines Schauspielers sein, der Rudolf Augstein, Gigant des Nachkriegsjournalismus, spielt? Klingt doch nicht verkehrt, erkläre ich den Geiern im Warteraum.

»Aber das ist alles? Das ist es, warum vorhin der Goran mit dir so lange geredet hat? Warum du die Pause verpasst hast?«

»Goran hat halt eine besondere Herangehensweise. Der filmt nicht einfach Hände«, sage ich, »er, also ...« Ich verheddere mich in Ausführungen zur Bildsprache und erläutere ihnen, dass ich zum Unterschied zu den anderen nicht wegen einer warmen Mahlzeit da bin, sondern weil ich an den Film als Medium glaube, aber da waren alle schon längst wieder bei Angry Birds oder Sudoku, und mir blieb nichts anderes übrig, als mir ein Snickers von Sonja aus der Maske zu schnorren.

Tatsache ist, dass ich dringend aus der Wohnung in Schöneberg ausziehen muss, weil meine Vermieterin ihren neuen Freund Mike aus England zum unbegrenzten Aufenthalt eingeladen hat.

Der neue Freund aus England und ich müssen uns die Küche und das Bad teilen, und eigentlich ist das kein Problem. Das Problem ist, dass meine Vermieterin wegen Mike nur noch bei uns am Tisch sitzt, mit den Fingern in den Haaren rumspielt und kichert. So geht das den ganzen Tag.

Mike kommt ohne zu klopfen ins Bad, wo ich gerade versuche, das Gel und Haarspray aus meiner Nazifrisur zu waschen. Er sagt »Sorry«, klappt den Toilettendeckel runter, setzt sich drauf und zündet sich eine Zigarette an, die er mit einem Zug bis zur Hälfte wegraucht. »Alter, bin ich im Arsch«, sagt er.

»Kann ich dir irgendwie helfen? Soll ich dir einen Kaffee kochen?«

»Geh bloß nicht raus«, sagt er. »Lass ja die Tür zu. Sie sitzt da draußen und wartet.«

»Und?«

»Ich kann nicht mehr. Ich bin nach Berlin gekommen, um zu feiern. Mann. Ich war noch nicht einen Abend weg.«

»Ja«, sage ich, »sie kann ganz schön anhänglich sein.«

»Du hast es gut, du bist ja Schauspieler«, sagt er, und ich weiß nicht so richtig, was das eine mit dem anderen zu tun hat. Fakt ist, dass wir beide uns gerade als Fast-Dreißigjährige auf der Toilette vor unserer Vermieterin verstecken, und irgendwie kann das nicht angehen.

Ich betrachte Mike und sehe seinen kaputten Teint. Die tiefen Augenränder, die aufgeplatzte Unterlippe, den Fünftagebart. Ich sage: »Ich glaube, ich kann dir helfen. Hast du vielleicht Lust, dir fünfzig Euro pro Tag zu verdienen und Yvonne Catterfeld kennenzulernen?«

»Wen?«, fragt Mike.

Ich klappere auf der alten Schreibmaschine die Artikel, die Rudolf Augstein wer weiß wann geschrieben hat, die Kamera ist über meinen Händen aufgebaut. Ich überlege, wie lange es dauern würde, bis ich mir von meinen fünfzehn Euro Extrazulage pro Drehtag eine bessere Wohnung leisten könnte. Egal, wie ich es auch rechne, ich komme immer auf dasselbe Ergebnis: nie.

Regisseur Goran ruft zur Pause und kommt auf mich zu. »Gute Arbeit an der Schreibmaschine.«

»Danke«, sage ich. »Schön, wenn es einer merkt.«

»Pass auf, ich habe nachgedacht. Ich glaube, du bist einer für eine Sprechrolle. War so eine Eingebung.«

»Wieso das?« Ich kann es nicht fassen. Null Prozent, Mann. Null Prozent, denke ich.

Goran nimmt mich beiseite und führt mich hinüber ans andere Ende des Sets zum Schauspieler-Büfett, wo es Langkornreis und Spinatquiche gibt, Cappuccino und Volvic. Er stellt mich ein paar Leuten vor, erklärt mir, wo die richtigen Toiletten sind. Dann sagt er: »Mal ganz unter uns – das ist wichtig.« Er räuspert sich. »Du hast doch mit Sonja geschlafen, oder? Stimmt das?«

»Sonja aus der Maske? Ja.«

Goran ist erleichtert. »Sehr gut. Die irrt sich nämlich nie. Die liegt fast nie falsch bei solchen Sachen. Sonja hat da einen Sinn für. Perfekt.« Goran holt seinen Assistenten und lässt mir ein paar kopierte Zettel aus dem Drehbuch geben.

»Schaff dir das bis morgen drauf. Deine Rolle ist *Mark, der Sohn des Hauses*. Bin gespannt, wie du den hinbekommst«, sagt er und verabschiedet sich.

Vier Sätze. Ich habe nur vier Sätze, aber das ist so viel besser als null Sätze. Vier Sätze sind Superheroin für die Komparsenseele. Es ist vor allem sehr schön, wenn man die vier Sätze zusammen mit seiner Vermieterin und ihrem neuen Freund Mike proben kann, Mike, der mit seinem neuen Nazi-Haarschnitt am Tisch sitzt und es sich gefallen lassen muss, dass sie ihm stolz durch die Frisur fährt.

Mike, der mir mit jedem Blick immer wieder stumm zu verstehen gibt: *Wenn du am Set abkassierst, besorgst du uns sofort eine Wohnung, ist das klar?*

Später stellt unsere Vermieterin eine neue Flasche Wein auf den Tisch und fragt, wann wir endlich Yvonne Catterfeld treffen.

»Wen?«, fragt Mike.

»Morgen«, sage ich. »Morgen haben wir ein Dinner mit ihr. Und mit Uwe Ochsenknecht.«

Der helle Schrei unserer Vermieterin klingelt mir noch in den Ohren, als ich schon längst im Bett liege und mich vor dem Einschlafen frage, wieso Sonja überhaupt dem Regisseur erzählt, mit wem sie alles schläft.

Spandau am Morgen, Industriegebiet. Die Schauspieler machen Sit-ups oder rauchen. Hier herrscht eine weniger aggressive Stimmung als drüben bei den Komparsen, wo man in der Regel liest oder strickt und für die Welt ganz generell und auch im Besonderen nichts als Hass übrig hat.

Ich habe meine vier Sätze als *Mark, der Sohn des Hauses,* ziemlich gut drauf. Ich habe sie am Abend geprobt, bis ich mich in der Lage fühlte, sie ziemlich gediegen sprechen zu können.

Bleibt eigentlich nur noch abzuwarten, was ich dafür bekäme. Ob ich einen neuen Vertrag würde aushandeln müssen, ob ich mir dazu sogar lieber einen Agenten nehme. Oder – auch möglich, wenn auch weniger geil – ob diese Performance ein Show-Me wird, wo ich mich gratis für weitere Rollen empfehle. Was auch immer.

Ich stehe am Büfett, und wir machen Mittag. Claudio kommt vorbei, zeigt auf mich und sagt: »Du. Na? Du machst hier eine ganz schöne Welle, was?«

Claudio, menschgewordener Meteorit, unterwegs durch das Berliner Film-Universum.

Ich lache.

Claudio sagt: »Pass auf, ich habe mit dem Regisseur gesprochen, der sagt, du bist einer für eine Sprechrolle.«

»Ich weiß. Und rat mal: Die habe ich auch bekommen. Außerdem hast du mir das neulich schon gesagt.«

»So?« Claudio ist verwundert. Er steht einfach da und kratzt sich am Bauch, ohne noch ein weiteres Wort zu sagen.

Mir fällt auf, dass Claudio wie Maurice damals beim Taxifahren ist. Abgehalftert, zu hundertvierzig Prozent einsam. Er sagt: »Ich hatte auch mal eine Sprechrolle. Aber da fallen dir die anderen in den Rücken. Der Neid …« Claudio schlappt weg.

Später, in der Maske, frage ich Sonja: »Was ist mit dem?«

»Claudio? Haha. Hat er dir etwa vom *Neid* erzählt?«

»Aber der macht doch schon noch mit, oder? Im Kopf, meine ich. Ist der obenrum okay?«

Sonja winkt ab. »Schwer zu sagen. Ab und zu steht er mit im Bild rum. Der gehört irgendwie dazu. Und essen kann er hier auch. Wir sagen dem eigentlich nie, wo wir als Nächstes drehen. Und trotzdem findet der uns immer wieder. Der muss so einen eingebauten Sensor haben, wie diese ausgesetzten Hunde, die tausend Kilometer zurück zu ihren schrecklichen Herrchen finden.«

»Kriegt er denn Geld dafür?«

»Wenn er mal dran denkt, so einen Gehaltsschein auszufüllen, dann überweisen wir ihm was. Würde mich aber stark wundern, wenn Claudio überhaupt ein Konto hat.«

In der Nacht sehe ich mich als den Typen mit den vier Sätzen im Gepäck als Kriegsheimkehrer über das Set stolpern. Für immer. In einer schneeverwehten Landschaft, die zu gleichen Teilen schmutzig und schwarz ist. Ich höre das »Ding!« des Schreibmaschinenwagens, das Klackern der uralten Tasten, außerdem das Lachen der anderen Komparsen. Ich verstehe, dass ich nie Schauspieler werde, auf ewig dazu verdammt bin, ein ausgemergelter Nazi zu sein. Auf immer und ewig. Das ist meine Realität. Das ist jetzt. Das ist morgen. Ich sehe mich mit Claudio über die Sets schleichen, mit Plastiktüten voller Abfälle vom Büfett. Ich sehe mich mit Claudio den Teamwagen hinterherziehen, in abgelegene Teile von Berlin, wo sie in verlassenen Kinderkrankenhäusern und zugenagelten Lungenkliniken Arztserien drehen, wohin wir durch sumpfiges und geisterhaftes Gelände stapfen, damit wir jungen Typen erzählen können, dass sie eine ganz schöne Welle machen.

Ich wache auf, weil Mike an mir rumrüttelt. »Hey«, sagt er.

»Was?«, frage ich. Ich habe diesen Albtraum, und er hört nicht auf. Hört nicht auf. Hört nicht auf.

Mike sagt: »Alter: Yvonne Catterfeld.«

»Was ist mit der?«

»Ich hab die gegoogelt. Die ist *heiß*. Wir müssen die kennenlernen. Denkst du, du kriegst das hin?«

War es wirklich so schlimm? Eigentlich nicht. Ich denke auf der Rückfahrt vom Set intensiv nach und spiele noch einmal die Szene durch, die oft genug gedreht werden musste. Mark, Sohn des Hauses, ZDF in bester Traumschiff-Manier. Ich nicke, bis ich es schaffe, mir die vielen kleinen Details in Erinnerung zu rufen, die ich gut hinbekommen habe: Betonung, Lautstärke, bestimmt auch die Körpersprache, vor allem beim zweiten Satz: »Ich kann Ihnen sagen, wo man solche Anzüge noch bekommt.« Wie ich mir da ganz leicht mit dem Finger auf die Brust getippt habe – das war doch gut! Ich rufe mir auf der Rückfahrt in der Bahn die guten Details so lange ins Gedächtnis zurück, bis ich mir völlig und ohne Restzweifel darüber im Klaren bin, dass meine Performance vor der Kamera eine absolute Katastrophe war.

Ich muss nur an die vielen freundlichen, sinnlos wohlmeinenden Gesichter denken, die mich danach anlächelten, um zu verstehen, dass Goran die ganze Szene jetzt, in genau diesem Augenblick, mit einem richtigen Schauspieler drehen lässt.

Ich kann nur hoffen, dass Sonja keine Probleme mit Goran bekommt, der ihr unzuverlässiges Bauchgefühl vorwirft.

In der Wohnung gehe ich in die Küche und gieße mir ein großes Glas Apfelsaft ein. Mir fällt das Glas aus der Hand, als ich merke, dass meine Vermieterin im Dunklen am Küchentisch sitzt. Alleine, leise summend. Vor ihr erkenne ich schemenhaft eine Flasche Wein. Sie ignoriert die Scherben auf dem Boden.

»Was macht die Karriere?«, fragt sie.

»Ist vorbei«, sage ich und sehe ihr dabei zu, wie sie lange auf meine Antwort hin nickt.

»Das ist schade, Alexander.« Es ist eigenartig, wenn dich jemand so mit Namen anspricht. Als wäre das ein Schlusspunkt im Gespräch. Aber das ist ein bisschen zu eigenartig, darum frage ich so ganz nebenbei: »Wo ist Mike?«

»Der hat jemanden kennengelernt. Beim Film«, sagt sie bitter.

Yvonne Catterfeld, schießt es mir durch den Kopf. Es kann nicht wahr sein, aber es muss wahr sein, weil so Geschichten funktionieren.

Meine Vermieterin sagt: »Irgend so ein Flittchen aus der Maske.«

Jetzt bin ich es, der lange nickt. Eigentlich gehen Geschichten meistens so aus.

Immerhin hat die Geschichte dafür gesorgt, dass meine Vermieterin mir nicht mehr promigeil auflauert, sodass ich ganz in Ruhe Ausschau nach einem anständigen Job halten kann, jetzt, wo der Winter bevorsteht.

Eine Woche später bekomme ich eine E-Mail von Mike. Er schreibt, dass er nicht weiß, was ich hätte. Ist doch super Arbeit. Einer von den alteingesessenen Statisten habe ihm außerdem schon gesteckt, dass Mike definitiv einer für eine Sprechrolle sei. Das habe der Statist selber vom Regisseur gehört.

11 Amazon-Alumnus

»Frauen«, sagt Dustin neben mir und lehnt sich zufrieden zurück. Alle lachen.

Es ist unser erster Tag bei Amazon in Leipzig, wir werden im Teamraum geschult. Aber das ist natürlich kein langweiliger Frontalunterricht, also bitte. Im Gegenteil: Aufgewecktes Mitarbeiten ist auf jeden Fall gefragt und erwünscht. Eben zum Beispiel wurden wir gefragt, welche Produkte es bei Amazon *nicht* zu bestellen gibt, Amazon, dem Giganten, bei dem es eigentlich alles gibt. Mein Nachbar Dustin lag mit seiner Einschätzung ziemlich gut: Frauen kann man bei Amazon nicht bestellen.

Immer noch lachen alle. Es ist ein herzliches, verbrüderndes Lachen. Klar hat man schon viel Negatives über den Laden gehört, aber wenn man sich hier sogar die Zeit nimmt, den einen oder anderen Jux vom taufrischen Mitarbeiter einfließen zu lassen, wie schlimm kann es dann bitteschön schon sein?

Es geht weiter mit einigen Sicherheitsvorkehrungen. Die Basics. Niemals den Handlauf loslassen, wenn man die Treppe nimmt. Niemals über zehn Kilo alleine heben, dafür stets einen Kollegen holen. Die schweren Pakete erkennen wir anhand einer speziellen Beklebung.

Amazon Leipzig suchte für das Weihnachtsgeschäft über tausend Leiharbeiter, und ich bin einer davon – sogar ziemlich gerne. Die Überlegung ist nämlich die: Will ich den nächsten *originellen Job*, oder will ich vier Monate lang den Mund halten, mich fest anstellen lassen und mir einen finanziellen Winterspeck anfuttern?

Eben. Auch der Jobman darf sich mal entspannen. Ich lehne mich zurück und schreibe mit, was vorne erzählt wird. Ich bin zufrieden mit meiner reifen Überlegung.

Weiter mit den Sicherheitsvorkehrungen: Hosen müssen bis über die Knie gehen. Arbeiten nur mit Sicherheitsschuhen, die uns zugeteilt werden. Dustin ist nicht zu bremsen und macht einfach weiter: »Boote«, sagt er. »Autos. Flugzeuge.«

Es dauert ein bisschen, bis der Teamleiter versteht, worum es geht, dann sagt er: »Ja, diese Dinge kann man auch nicht bei Amazon bestellen, stimmt.«

Ein anderer schaltet sich ein: »Panzer. Privatjets.«

Eine Frau sagt: »Männer«, eine gelungene Variation von Dustins ursprünglicher Vorlage. Wieder Lachen, aber nicht so viel wie beim schon jetzt unsterblichen Original.

Wir werden an diesem Schulungstermin nicht bezahlt, aber die meisten Leute hier machen den Eindruck, als müssten sie nirgendwo anders sein.

Ich eigentlich auch nicht. Also zurücklehnen, lächeln und sich von der guten Laune anstecken lassen.

Später bilden wir Zweierteams, Dustin und ich müssen in dem riesigen Packzentrum durch die Regalreihen laufen und das System verstehen, nach dem die Produkte sortiert sind. Wir laufen durch die Gänge und ziehen Artikel aus den Regalen, die ein Scanner uns vorgibt.

Es herrscht ein brutales weißes Licht.

Ich kann mir gut vorstellen, mir hier bis nach Weihnachten eine bezahlte Auszeit zu gönnen. Dazu bezahlte Nachtschichten und bezahlte Überstunden. Ich habe mir das mal ausgerechnet und bin schnell auf genug Geld gekommen, um die Monate danach zu machen, was ich will. Ich habe sogar schon einen Plan, über den ich jedoch selbst noch nicht zu viel nachdenken möchte, weil ich erst einmal Geld ranschaffen will.

Auch Dustin ist begeistert. »Wahnsinn, ist das einfach«, sagt er und scannt ein paar Produkte, die er in den Regalen findet.

Ich bin begeistert, weil ich mir hier im Lager eine Auszeit von den Menschen gönne. Amazon ist allen Berichten zufolge so ziemlich das Menschenfeindlichste, was man sich vorstellen kann. Das Unternehmen ist eine Dampframme, die alles niederwalzt und dabei nicht nach links und nach rechts schaut, Konkurrenz und Mitarbeiter gleichermaßen vernichtet.

Geil. Genau das Richtige, wenn du in letzter Zeit zu viel mit Menschen zu tun gehabt hast.

Was ich aber nicht brauche, ist ein Quatscher wie Dustin, der mir erzählt, dass er neulich beim Rave in Suhl in Thüringen war. Er sagt: »Du verstehst erst wirklich, was Raves sind, wenn du mal am Freitag in Suhl warst.«

Er schließt dabei die Augen, als könnte er es so noch einmal aufs Neue erleben.

Wir scannen weiter Produkte, die jemand bestellt hat – weihnachtlicher Kram, aber auch viel Sexspielzeug.

Beim Briefing war davon die Rede. Es kam mir so vor, als wäre das der Höhepunkt, auf den die Veranstaltung abzielte. Wie der sächsische Vorarbeiter in der Warnweste plötzlich einen roten Kopf kriegte und aus dem Grinsen gar nicht mehr rauskam. Wie die Kollegin aus der Teamleitung kicherte und uns dann erklärte, dass eines der meistbestellten Produkte Sexspielzeug sei, das aber geschmackvoll in sichtgeschützte Verpackung gehüllt werde. Damit keiner etwas sehen müsse, was er nicht sehen will.

Ich halte das blickdicht verpackte Produkt in der Hand und sehe im Geiste alles vor mir. Den schwarzen Monsterdildo, die Gummivagina. Die schreckliche Einsamkeit jener Menschen, die das Wort Sexspielzeug benutzen.

Der Vorarbeiter hat sich beim Meeting noch schnell eingeschaltet: »Es handelt sich bei Sexspielzeug auch um die am meisten gestohlenen Produkte. Ihr könnt euch ja vorstellen, wie die hier rauskommen.« Grins.

Kann ich nicht, Helmut. Indem man sich die Dinger heimlich auf dem Klo in den Arsch schiebt? Und behält man sie dann für den Rest der Schicht drin? Oder lässt man den benutzten Dildo doch in der Pause in der Umkleidekabine? Und was, wenn man erwischt wird? Darf man ihn dann behalten? Oder muss er zurück in die sichtgeschützte Verpackung?

Jedenfalls halte ich jetzt so ein längliches Päckchen in der Hand, und der Vorarbeiter kommt grinsend herübergelaufen. »Ganz schön schwer, was?«

»Schwerer, als ich mir vorgestellt habe«, sage ich wie ein Vollidiot. Aber es ist die Wahrheit. Ich habe nie zuvor darüber nachgedacht, was ein Dildo wiegen könnte.

Der Vorarbeiter scheint mit der Antwort total einverstanden zu sein, nickt und geht weiter. »Sag jederzeit Bescheid, falls du sonst noch Fragen hast.«

Die Glocke tönt, und wir haben Feierabend. Der Tag war lang und langweilig, wir ziehen vor den Umkleideschränken die Sicherheitsschuhe aus und spüren, wie das Blut zurück in die Füße rollt. Dustin schlägt vor, dass wir uns einen reinfahren. So zum letzten Mal vor dem Beginn. Er hat da was von dem Rave in Suhl über.

Kann nicht schaden, denke ich. Wir gehen raus auf den Parkplatz zu Dustins grünem Corsa, Dustin kramt lange unter dem Sitz, bis er ein paar Pillen findet. Wir sind das letzte Auto von der Spätschicht, das vom Hof fährt.

Was ist hier los? Bis gestern war das alles noch eine feine Sache, jetzt herrscht plötzlich eine verbiesterte und angespannte Atmosphäre.

Seit drei Wochen schlappe ich so über die Gänge und denke an gar nichts, bin in einem friedlichen Zen-Zustand. Ich hole acht oder neun Stunden lang mit zwei zu kurzen Pausen Zeug aus den Regalen, laufe dabei zehn Kilometer und freue mich, dass ich einen weiteren Tag abgerissen habe. Ich mache Überstunden, wenn ich kann, und habe mich für die Nachtschicht eingetragen, die ab November eingelegt wird. Wenn ich mich dabei ertappe, dass ich *Geschäftsideen* habe oder darüber nachdenke, an irgendeiner Ecke der Welt *einen Job zu machen,* dann halte ich inne und tadle mich selbst. So geht das ganz friedlich und öde, bis mir am Morgen jemand an den Wagen fährt. Weil plötzlich Kollegen voreinander die Aufzugtüren schließen. Weil mir jemand die Karre, auf die ich meine Produkte lege, wegschnappt. Ich muss warten, bis es neue Karren gibt. Jemand schreit mich an, weil ich den Handlauf nicht benutze. Es ist Anfang November, und von einem auf den anderen Tag herrscht im Lager ein ganz ungesundes Klima. Grimmige Gesichter. Gekeife. Niemand steht mehr im Gang und unterhält sich.

In der Pause frage ich Dustin, was passiert ist.

»Hast du es nicht gehört? Die stellen die besonders Guten von uns unbefristet ein. Besonders gute Picker werden übernommen. Über Januar hinaus. Festanstellung, Baby.«

»Okay. Und dazu tracken die die Performance?«

»Ich weiß nur, dass die auf die Scanner gucken, wie viel du pro Stunde schaffst. Und ob du immer pünktlich bist.«

»Und? Bock?«

»Du etwa nicht?«, fragt er und bricht seine Pause drei Minuten früher ab, um noch ein bisschen produktiver zu sein.

Ich will ihm sagen, dass ich keine Konkurrenz für ihn bin, weil ich, wenn alles glatt geht, schon was vorhabe ab Januar. Dass ich deswegen jeden Cent, jede Überstunde brauche. Aber dann denke ich, dass es vielleicht besser ist, wenn er mich als Konkurrenten betrachtet und mich nicht mehr zu Rave-Pillen aus Suhl auf den Parkplatz einlädt.

Was sich allerdings als schwierig herausstellt, ist die Nachtschicht. Dieses wahnsinnige weiße Licht macht dich fertig. Du läufst um zehn Uhr abends voller Energie los, gehst easy durch die Gänge und bist voller Zuversicht, dass du es auf jeden Fall schaffst, aber dann kommt um vier Uhr plötzlich ein brutaler Hammer auf den Kopf, der dich völlig außer Gefecht setzt.

Nicht, dass wir nicht gewarnt wurden. Eine Woche bevor es mit der Nachtschicht losging, haben wir Info-Material ausgeteilt bekommen, Zettel, auf denen stand, dass wir das Wochenende vor Beginn durchmachen sollen. Dass wir am Tag mit heruntergelassenen Jalousien schlafen sollen. Viel trinken, immer viel trinken, aber ich glaube, das war eher ein genereller und allgemeingültiger Hinweis.

Ich sehe, dass ich nicht der Einzige bin, dem es so geht. Ab vier Uhr morgens hängen alle in den Seilen. Winzige Augen, langsame Bewegungen. Menschen, wie in Watte gepackt. Niemand redet, das hat man sich Anfang November mit der Jagd auf Übernahme und Festanstellung sowieso abgewöhnt. Ich jedenfalls frage mich Tag für Tag aufs Neue, wie ich die Zeit von vier bis Schichtende um sechs überstehen soll. Gegen Ende der ersten Woche wird es etwas besser, dann begehe ich den schweren Fehler, das Wochenende zu normalen Zeiten zu verbringen, und der ganze Kampf geht wieder von vorne los. Ich denke: Ich könnte jetzt im Bett liegen und mich auf einen Tag mit Pizzaausfahren freuen. Aber das ist wieder einer der Gedanken, die ich beiseiteschiebe, worin ich mittlerweile Übung habe.

Denn hier ist der Plan: Meine koreanische Freundin Jaekyoung und ich haben einen Bekannten in Frankfurt, der sich in den Kopf gesetzt hat, eine deutsche Bar in Seoul aufzumachen. Ich war gleich dabei. Alles, was wir brauchen, ist eine Beteiligung, die ich mir gerade verdiene, indem ich gähnend durch die Gänge laufe und es nicht fassen kann, dass ich nicht einfach schlafe.

Ich ziehe noch ein paar Bücher, CDs und Windeln aus den Regalen, versuche, den verschwimmenden Blick zu fokussieren und die richtigen Artikel zu scannen, und warte darauf, dass es sechs Uhr wird und die wunderbare Glocke ertönt, um zu Hause eine Stunde lang wieder superwach im Bett zu liegen und nicht einschlafen zu können.

Wem es dagegen richtig gut geht, ist Dustin. Der fegt über die Gänge und sammelt den Scheiß links und rechts ein, als würde er einfach wahllos Zeug auf den Wagen laden. Ich frage mich, wie er das schafft, dann fallen mir die Pillen ein, die er unter dem Sitz des Corsas versteckt. Kein Wunder.

Ich spreche ihn in einer Pause drauf an, aber Dustin wehrt gleich ab und fragt, ob ich spinne. »Quatsch, vor der Schicht geht das gar nicht. Das ist was für Suhl. Für *special moments,* alles klar?«

»Aber wie bist du dann so verdammt wach?«

»Ganz einfach. Nummer eins: Ich schlafe gut. Hast du etwa nicht die Infos bekommen? Den Zettel?«

Ich murmle etwas, und Dustin ist schon beim nächsten Punkt: »Und natürlich wegen Kaizen.«

»Wegen was?«

Dustin kann es nicht fassen. »Hast du noch nie von Kaizen gehört? Oh, Mann.«

Er tunkt seinen Teebeutel in den Plastikbecher mit dem heißen Wasser und erklärt, dass Kaizen ein Exzellenzprogramm von Amazon sei. Jeden Tag ein bisschen besser. Jeden Tag ein bisschen produktiver. »Und das Beste ist«, sagt er, »dass jeder Vorschläge machen kann. Wenn dein Vorschlag gut ist und übernommen wird, dann kannst du zusätzlich freie Tage bekommen oder sogar mehr Gehalt.«

»Nicht schlecht«, sage ich. »Schon Vorschläge eingereicht?«

»Jeden Tag, Mann. Jeden Tag.«

»Und?«

»Wird noch.« Er lächelt: »Geduld ist die Kunst, nur langsam wütend zu werden.«

Das ist erst einmal das Letzte, was ich von Dustin sehe. Zumindest als gesunden Menschen. Denn in den Wochen darauf kommt mir immer mal wieder ein Lebewesen vor die Augen, das entfernt so aussieht wie Dustin, wenn er zehn Kilo abgenommen hätte und sich nur noch von Stromstößen und Zitteraalen ernähren würde.

»Trinkst du auch genug? Hast du den Zettel gelesen?«

»Ja und ja«, sagt er im Vorbeigehen. »Natürlich.« Dann quält er sich weiter über die Gänge.

Irgendwann erwische ich ihn in der Pause am Kaffeeautomaten. »Kein Tee mehr?«

»Nee. Ich brauche Energie.«

»Hey, Mann, kein Witz: Willst du nicht lieber in die Tagschicht wechseln?«

»Quatsch, das ist es nicht. Ich habe ein ganz anderes Problem. Beim Kaizen-Meeting wurde uns verraten, wie viele die von uns einstellen.«

»Und?«

Dustin schwitzt. Er sagt: »Zwei. Es gibt zwei Stellen.«

Auf über tausend Leiharbeiter? »Großartige Quote«, sage ich und muss lachen, und plötzlich habe ich wieder Lust, mir Geschichten aus Suhl anzuhören. »Lass uns doch mal wieder auf dem Parkplatz treffen«, schlage ich vor. »Scheiß auf Amazon. Was ist das schon für eine Wahrscheinlichkeit?«

»Bei tausendeinhundert Leiharbeitern ist die Wahrscheinlichkeit bei 0,002 Prozent gerundet«, sagt Dustin. »Da fallen aber viele weg, die ohnehin nicht können. Die Wahrscheinlichkeit ist also viel höher.« Er steht auf und kippt auf dem Weg nach draußen seinen heißen Kaffee herunter, das Gesicht rot und vor Schmerz verzerrt.

Ich komme mir schrecklich vor, weil mir gar nichts von alledem nahegeht, weil ich einfach wie ein Tourist über die Gänge wabere und mich mit meiner Befristung bis Januar abgefunden habe.

Zu Hause spüre ich dann, dass ich Lust habe, an dem Wettbewerb teilzunehmen. Wie ein verdammter Adliger vom Land, der auch einmal gegen den Ball treten will. Eigentlich bin ich kein ehrgeiziger Typ, weswegen ich wahrscheinlich stehe, wo ich heute stehe. Aber wenn es darum geht, einen Besserwisser-Dustin zu nerven, dann bin ich immer dafür zu haben, montags bis sonntags. Und wer weiß, vielleicht stachelt ihn das noch ein bisschen an. Von Muraff habe ich gelernt, dass man das nicht Quälerei nennt, sondern Coaching.

In der zweiten Januarwoche werden wir alle entlassen. Alle bis auf zwei. Dustin gehört nicht zu den Glücklichen. Es ist ein netter Abschied. Wir kommen zum All-Hands-Meeting zusammen, der Werksleiter sagt uns Danke. Alle klatschen.
Ein letztes Mal sehe ich auf den grauen Betonboden, auf dem ich Kilometer um Kilometer gelatscht bin, auf dem ich mir in Sicherheitsschuhen Blase um Blase gelaufen habe. Es rückt einiges ins rechte Licht, wenn du einfach mal monatelang die Fresse hältst und billigen Scheiß aus den Regalen ziehst, dabei erfährst, was Menschen in Deutschland so für Musik bestellen, was für Bücher, was für Spiele, was für Spielzeug. Das gibt dir ein Bild von dem Land und seinen Bewohnern. Ich habe das Gefühl, dass ich hier mehr über Deutsche und Deutschland gelernt habe als irgendwo anders.
Wir stehen im Kreis. Ich komme mir vor wie beim Schulabschluss. Amazon-Alumnus. Auf ewig mit den anderen verbunden, so wie große Ereignisse Menschen zusammenschweißen. Erdbeben, Flutwelle, Nachtschicht bei Amazon Leipzig vor Weihnachten.
Aber wie erwartet nimmt Dustin die Absage nicht gut auf. Er sitzt im Corsa und starrt auf das Lenkrad. »Tja. Dann melde ich mich halt mal wieder arbeitslos«, sagt er. »Arbeitsuchend«, verbessert er sich. Kaizen. Jeden Tag ein bisschen euphemistischer. »Und du? Was machst du jetzt?«
»Ich mache mit einer Freundin eine Bar in Seoul auf«, sage ich.

»In Suhl? Krass. Dann sehen wir uns bestimmt wieder.« Er grinst, fummelt unter dem Sitz rum, findet ein Tütchen und fragt: »Willst du was werfen?« Er sieht über den Parkplatz, als wäre der Abschied jetzt zu schmerzhaft. »Aber nicht hier. Nicht hier.«

»Heute nicht«, sage ich und klopfe ihm zum Abschied aufs Dach. »Aber wir sehen uns in Suhl.«

Dann sitze ich in der Bahn und schaue noch einmal auf das Lager zurück. Ich habe alles rausgeholt, was möglich war. Jede Überstunde. Nachtschichten. Zusätzliche Tage, die man mir anbot. Ich habe den Laden leer gemacht, so gut es ging. Ich habe das Gefühl, dass Amazon mich nicht beschissen hat. Irgendwie nicht. Dieses Mal gehe ich mit einem guten Gefühl aus der Arbeit. Ausgerechnet da, wo ich es am wenigsten erwartet hätte.

12 Du weißt nicht, wer Herr Kwang ist

Kurz bevor wir durch die Passkontrolle im Flughafen Incheon gehen, kommt Jaekyoung plötzlich mit der wichtigsten Info der Reise um die Ecke. »Du darfst mich niemals, niemals, niemals anfassen. Ist das klar?«

Ich wundere mich. »Was?«

»Du darfst nicht die Hand auf mich legen, vor allem nicht vor meinem Vater. Hast du das verstanden?«

»Natürlich.« Ich hatte gehofft, sie versteht, dass ich mit anderen Kulturen und vor allem mit Vätern schon jede Menge Erfahrung gesammelt habe und so eine Regel für mich überhaupt keine Herausforderung ist, aber Jaekyoungs Blick sagt mir, dass ich mal lieber schön nicke und meinen Pass bereithalte und sonst gar nichts mache.

Jaekyoung sagt, dass ihr Vater uns leider nicht abholen kann, weil er arbeitet. »Überhaupt«, sagt sie, »arbeiten in Korea alle Menschen die ganze Zeit. Immer. Tag und Nacht.« Sie lacht. »Das könnte für dich vielleicht einen Schock geben.«

»Hey«, sage ich, »wer ist denn wortlos die letzten vier Monate nachts durch die Gänge bei Amazon gelatscht, bis er ganz matschig war, nur um das Geld für das Geschäft zusammenzubekommen? Und hat sich nicht ein einziges Mal beklagt?«

Jaekyoung lacht wieder und holt ihren Koffer vom Gepäckband.

Wir sind geschäftlich in Seoul, weil wir eine Bar aufmachen werden. Das klingt so gut, dass ich den Satz gleich noch einmal schreiben muss: Wir sind geschäftlich in Seoul.

Jaekyoung ist Übersetzerin und hat in Frankfurt einen irgendwie zumindest semidubiosen Halbkoreaner kennengelernt, der Deutschland in Korea groß machen will, weil Deutschland in Korea lustigerweise noch immer als Produktivitätsaushängeschild gilt – und damit ganz oben im Ansehen ist. Seine Idee: deutsche Bar. Deutsches Bier. Bayerische Brezeln. Gerne mit Kimchi. Direkt an der Uni. Damit der Student direkt und ohne Zeit zu verlieren relaxen kann.

Alles, was der Typ in Frankfurt gesucht hat, waren Menschen, die sich beteiligen wollen. Die Deutschland verstehen. Nicht verkehrt, wenn jemand sehr deutsch aussieht.

Jaekyoung kannte jemanden, der deutsch aussieht. Mich. Darum stehe ich jetzt in Seoul an der Kofferausgabe und darf Jaekyoung nicht anfassen. Ich warte auf den Koffer, in dem sich mein Geschäftsmodell befindet, das ich Jaekyoungs Vater zeigen muss, der zusätzlich Geld in die Sache reinschießt. Geschäftlich.

Was ist das? Wir stehen draußen auf dem Vorplatz und lassen unser Gepäck in den Wagen hieven, als ich den schlimmsten Kälteschub der letzten Jahre erfahre. Hier geht ein Wind, der dir derart ins Gesicht peitscht, dass du nicht mehr weißt, wo hinten und vorne ist.

Ich frage: »Ist das normal?«

Jaekyoung sagt, dass das der normale Wind im Winter ist. »Der kommt vom Meer, und der Flughafen liegt auf einer vorgelagerten Insel. Kann schon mal kalt werden.«

»Und in der Stadt ist das besser?«

»Schlimmer«, sagt Jaekyoung. »Der Wind vom Meer zieht über den Han-Fluss und nimmt dort noch einmal richtig Fahrt auf, um dann in die Hochhausschluchten von Seoul zu blasen. Man nennt ihn Messerwind.«

»Und du frierst nicht?«

»Man gewöhnt sich dran.«

Unglaublich. Die Frau zetert, wenn du in der Wohnung die Heizung mal nur für zehn Minuten runter auf 3 drehst, aber das hier ist plötzlich okay.

Ich lasse mich vor meinem Hotel absetzen, Jaekyoung fährt weiter zu ihren Eltern. Ich dusche mich und ziehe mich um, sehe dann nach, ob ich alle Akten und Verträge parat habe. Ich bin aufgeregt. Ich schalte den Fernseher ein und gucke ein bisschen K-Pop, der mir sofort ins Hirn schallert.

Später ruft mich die Frau von der Rezeption an, um mir mitzuteilen, dass ich erwartet werde.

Ich sehe Jaekyoungs Vater, gebe ihm die Hand. Ich bin mir zumindest ein kleines bisschen sicher, dass er in meinen Augen jemanden erkennt, der dachte, ein Tretbootverleih sei ein gutes Geschäft.

Bei Jaekyoungs Eltern sitzen wir auf dem Boden und beten vor dem Essen. Es sind alle da. Onkel, Cousinen, die Großmutter hat gekocht. Und wie. Ob das scharf für mich sei, will sie wissen, und ich sage, dass ich noch nie etwas Schärferes gegessen hätte. Ich sage das, während ich weine. Sie kichert.

Nach dem Essen will Jaekyoungs Vater wissen, ob ich alles dabeihätte. Ich hole meine Verträge heraus. Paulaner, Erdinger, beide haben lokale Brauereien vor Ort, von denen wir auch fassweise Getränke bekommen können. Erdinger wäre nicht abgeneigt, uns bei anhaltendem Erfolg der Bar auch eine Einrichtung zu spendieren. Da müsste es aber bestens laufen. Jaekyoung übersetzt. Ihr Vater sieht nicht begeistert aus.

Außerdem habe ich ein Brezelrezept dabei, weil uns die Großmutter versprochen hat, das Zeug zu backen.

»Das will mein Vater alles gar nicht wissen«, sagt Jaekyoung. »Er will nur sehen, ob das mit der Lederhose klappt.«

Also gehe ich ins Nebenzimmer und ziehe meine Lederhosen-und-Gamsbart-Montur an, die ich mir vor der Abreise noch besorgt habe und die ich vorhabe zu tragen.

Ich gehe ins Wohnzimmer zurück, wo ich lange von Jaekyoungs Vater betrachtet werde. Nach einer Weile fängt er an zu nicken. Ich bilde mir ein, sogar ein Lächeln zu erkennen.

Perfekt. Wir sind im Geschäft.

Mit einem Mal fällt mir auf, dass ich viel zu oft neben schwarzen Karren stand und darauf wartete, dass die Fahrer sich herausbequemen. So wie Herr Kwang, der unser Vermieter ist und dem das gesamte Objekt gehört. Es fällt mir auf, weil ich am Straßenrand vor dem Gebäude stehe, in dem meine – unsere – Bar entstehen soll, und mir der verdammte Messerwind ins Gesicht weht, während Herr Kwang ganz langsam aus seinem schwarzen Wagen mit den getönten Scheiben steigt.

Ich sehe mich um. Es ist verdammt ruhig in der Gegend. Uninah? Ich sehe keine Uni.

Jaekyoung sagt: »Die Uni ist hinter den Wohnblocks da hinten.« Sie zeigt auf ein Meer aus weißen Hochhäusern, an denen SAMSUNG und eine Zahl steht. SAMSUNG 104, SAMSUNG 716, SAMSUNG 443. Alles hier ist SAMSUNG.

»Das ist nah?«

»Man kann hierher laufen.«

»Wenn man es sieht.«

»Für Seoul ist das nah«, sagt sie, und dann ist Herr Kwang auch ausgestiegen und bereit, uns die Räume zu zeigen.

Erst einmal rattern wir mit dem Fahrstuhl nach ganz oben, in den sechsten Stock.

Von außen sieht das Gebäude aus, als hätte man einen Sechsjährigen gebeten, es zu entwerfen. Es ist einfach ein Kasten. Gelbe Isolierplatten sollen gegen den Messerwind schützen und tragen noch mehr zur Lego-Anmutung bei. Auch nicht schlecht: die Belegung der einzelnen Stockwerke. Unten ist ein Supermarkt, in der ersten Etage ein Zahnarzt, in der zweiten ein Kindergarten, in der dritten eine Taekwondo-Schule, in der vierten ein Internetcafé, und in der fünften Etage sind Wohnungen. Wir sind die einzige Bar im Haus, was ein großer Vorteil ist, sagt Herr Kwang. Ich verstehe die koreanische Architektur nicht, bin aber zufrieden, dass Jaekyoung alles gut findet.

Wir inspizieren die Räume. Es riecht komisch, das schon. Aber da kann man sicherlich lüften. Die Decken sind verdammt niedrig, die Fenster abgeklebt. Eine Bar ist vorhanden. Alles sieht aus, als wäre es Hals über Kopf verlassen worden. Es stehen noch Gläser und Teller herum, Aschenbecher. Das Licht flackert aus Röhren. Es gibt keine Zapfanlage, was bedeutet, dass ich mit Erdinger Flaschenbier aushandeln muss – oder die uns was Schickes einbauen. Hmm. Ich sehe, dass Herr Kwang auch definitiv nicht amüsiert wäre, wenn man hier groß verhandelt.

Jaekyoung erklärt, dass wir für zwei Jahre unterschreiben müssten, so sei es üblich,. Herr Kwang bekommt außerdem die ersten sechs Monate eine Beteiligung am Umsatz.

Was?, denke ich. »Was?«, sage ich.

»Weil er uns so eine Top-Immobilie verschafft hat.«

»Ist das normal?«

»Du hast echt keine Ahnung, wer Herr Kwang ist«, sagt sie und schiebt mir die Papiere zum Unterschreiben zu.

Ich komme mir vor, als hätte ich Koks in Dosen erfunden. Die erste Woche kommt keine Sau, dann kommen alle. Alle auf einmal. *Lederhose!* geht richtig durch die Decke. Alte Gastro-Regel: Du musst das Besondere haben.

Wir backen Brezeln mit Jaekyoungs Großmutter, die keine Ahnung hat, was sie da genau macht. Schon bald bieten wir auch Soju an, den Reisschnaps, nehmen dafür die schweren deutschen Biere von der Karte. Dann fällt uns auf, dass niemand Brezeln isst. Wirklich niemand. Dabei sind die absolut anständig geworden. Ich stehe Nacht für Nacht im Laden und esse die Brezeln auf, für die sich kein Mensch interessiert. Was dafür gerne gegessen wird, sind kleine koreanische Beilagen, Kimchi und Ramen-Nudeln.

Nach ein paar Wochen haben wir ein koreanisches Restaurant mit deutschem Namen.

»Nicht Restaurant«, sagt Jaekyoung, »sondern *Hof*.«

»Hof?«, frage ich. Das steht auch unten mittlerweile am Eingang.

»So nennen wir deutsche Bierbars.«

»Aber in Deutschland sagt das niemand.«

»Aber hier.«

»Scheißegal, was?«

Jaekyoung lacht, und wir machen uns ans Geldzählen.

»Wie viel ist das?« Ich habe mehr Geldscheine in der Hand, als ich jemals verstehen kann. »Was ist das umgerechnet?«

Jaekyoung fängt an zu zählen, dann gibt sie es auf. »Weiß ich nicht. Viel. Ziemlich viel.«

Aber ich will wissen, wie viel das ist. Ich versuche es ein paar Minuten lang, dann verheddere ich mich immer wieder mit den ganzen Nullen und gebe es auf. Endlich einmal mehr Geld, als ich zählen kann.

Alles eigentlich perfekt.

Schlimm nur der Tag, an dem Jaekyoungs Großmutter meine Lederhose in der Waschmaschine wäscht und ich mir aus Deutschland eine neue schicken lassen muss. Irgendwie verstehe ich das als böses Omen.

Ich stehe an der Bar und schaue mich um. Dicker Zigarettenrauch, K-Pop, bald werden wir einen Raum für Karaoke einbauen. Ich stehe so an der Bar und knabbere meine Brezel, als ich ein vertrautes Gesicht sehe. Wir haben viele Stammkunden, obwohl wir erst seit sechs Wochen geöffnet haben. Aber das Gesicht mit dem leicht säuerlichen Ausdruck gehört unserem Vermieter, Herrn Kwang. Griff-in-die-Kasse-Kwang. Umsatzbeteiligung-Kwang.

Wir laden ihn an die Theke ein, und er guckt sich den Laden wohlwollend und auch ein bisschen belustigt an. Jaekyoung erklärt ihm die blau-weißen Decken, und ich versuche, dem Mann eine Brezel aufzuschwatzen, jedoch ohne Erfolg.

Die letzten Studenten torkeln in den Aufzug, und wir machen zu. Mir ist klar, dass er seine Umsatzbeteiligung will. Er hat zwei Typen neben sich sitzen, die halt neben einem sitzen, wenn man Geld einstreichen will, das nicht vertraglich geregelt ist.

Jaekyoung wirft mir einen Blick zu, und ich hole die Kasse heraus. Andere Länder, anderer Beschiss. Mir egal. Ich bin müde und will zurück ins Hotel, in dem ich noch immer wohne. Ich schiebe ihm die Kassette hinüber, damit er sich selber seine Lieblingsscheine heraussucht. Ich verstehe das Geld nicht.

Herr Kwang sieht mich an und schiebt die Kassette zurück. Er fängt an, mit leiser Stimme etwas zu erklären, und ich sehe, dass Jaekyoung dazu nickt. Dann erklärt sie mir, dass dies unser letzter Abend in den Räumen sein wird. Morgen soll hier ein Mexikaner reinkommen, eine große Kette. Aber er lässt uns die gesamten Einnahmen von heute.

»Oh, fuck, vielen Dank auch«, sage ich.

»Wir müssen auch nicht aufräumen, das ist eine Kette, die kriegen das schon selber hin. Es reicht, wenn wir morgen nicht mehr da sind. Den Türcode kennt er.«

Es klingt, als würde sie mir eine haargenaue Übersetzung jedes einzelnen Worts geben.

Ich habe keine Ahnung, was ich sagen soll.

Jaekyoung sagt, dass das gar kein schlechtes Angebot sei. Dafür, dass es von Herrn Kwang kommt. »Du weißt nicht, wer das ist.«

Stimmt. Erst mal überlegen. Ich habe damals schon gegen die beiden Homo-Hasser-Dörfler böse das Nachsehen gehabt. Ich weiß nicht, wie ich mich gegen einen schlagen würde, der es in Seoul zu einem der größten Immobilienhaie geschafft hat.

Herr Kwang und seine beiden Mitarbeiter verabschieden sich freundlich, wünschen uns viel Glück.

Wir sitzen an der Theke, und ich hole mir eine große Flasche Soju aus dem Kühlschrank, schenke uns zwei Gläser ein. Dann fällt es mir ein: Wir schulden dem Typen in Frankfurt noch Geld!

»Nein«, sagt Jaekyoung, denkt nach, ist plötzlich ziemlich wach und für ihre Verhältnisse sauer. Sie nickt langsam, stückelt sich das alles selber zurecht und trägt es mir live vor: »Das alles war sogar seine Idee. Der wollte das Objekt für Kwang billig attraktiv machen und damit eine große Kette ködern, die viel Geld investiert. Die ihm den Laden für das Zwanzigfache mietet.«

»Der hat uns benutzt?«

»Sieht so aus«, sagt sie, und wir sitzen schweigend an der Theke.

Ich sage: »Ist es okay, wenn ich dich jetzt anfasse?«

»Jetzt geht es, ja. Ich glaube«, sagt Jaekyoung, »jetzt hast du es dir verdient.«

13 Daytrading im Wedding

Als ich in Berlin Tegel lande, habe ich noch zweihundert Euro in der Tasche. Das ist alles. Mehr ist mir nicht von Amazon und *Lederhose!* geblieben.

In Seoul habe ich anfangs noch darüber nachgedacht, *Lederhose!* an anderer Stelle neu aufzumachen, aber Jaekyoung und ihr Vater waren nicht zu überzeugen. Ich hatte schnell einen Verdacht: »Du hast deinem Vater doch bitte nicht etwa vom Tretboot erzählt, oder?«

»Ich dachte, dass ihn die Geschichte aufheitern würde, aber …«

Ich schüttle den Kopf. Kein Mann darf über einen anderen Mann wissen, dass der es mit Tretbooten versucht hat. Stichwort Respekt und Integrität. Ein Pyromane, der im Keller eines Waisenhauses zündelt, heimst mehr Anerkennung ein als einer, der *Tretboote* für ein sinnvolles Geschäft hält.

Ich habe dann noch zwei Wochen als Englischlehrer in Seoul gearbeitet, um überhaupt den Flug zurück nach Tegel bezahlen zu können. Eine Geschichte, über die ich hier nicht groß berichten will. Sagen wir es so: Am Ende der zwei Wochen hatte ich etwa tausend Euro für ein Ticket zusammen, und etwa zwanzig Kinder in Seoul wissen jetzt, was man in Montreal sagt, wenn man sich auf der Straße keinen billigen Scheiß andrehen lassen will.

Als ich Seoul verlasse, sitze ich im Flugzeug und ärgere mich sieben Stunden am Stück. Dann muss ich in Doha umsteigen und warten und eine Steckdose für mein Telefon suchen, und dabei merke ich, dass ich nicht nur ärgerlich bin, sondern etwas ganz anderes, Schlimmeres: Ich bin müde.

Ich sitze in Doha am Flughafen neben meiner Steckdose für mein Telefon. Ich bin dreißig Jahre alt, doch ich fühle mich wie ein fünfzigjähriger Stuntman. Alles tut mir weh, ich bin völlig im Eimer. Alles an mir ist diese narbige Fleischigkeit oder fleischige Narbigkeit, so genau ist das nicht mehr auseinanderzuhalten. Ganz klar: Ich muss jetzt etwas anderes machen. Bis auf meine Monate bei Amazon habe ich noch nichts gearbeitet, wofür es überhaupt Begriffe für den Lebenslauf gibt. Ich brauche Heilung. Ich brauche die Allianz.

Wenn du nicht klug bist, musst du schnell sein. Wenn du nicht schnell bist, dann musst du wenigstens ausdauernd sein. Wenn du deine Ausdauer in Tretboote, Fotoautomaten und Jazzbands verballert hast, dann musst du hoffen, dass du die letzten verbleibenden Jahre wenigstens bei der Allianz über die Runden bekommst.

Ich gucke mich am Flughafen um. Junge Menschen scheinbar ohne Sorgen. Wie machen die das?

Mir werden mit einem Mal alle schrecklichen Weisheiten über den Arbeitsmarkt bewusst. Dass jeder Mensch nur eine begrenzte Zeit hat, das Maximum für seine Vorsorge rauszuholen. Dass jeder für die Wirtschaft ein Verfallsdatum auf der Stirn trägt.

Wenn du mit dreißig noch nichts hast, dann wirst du zum Wolf. Ganz automatisch. Du stirbst mit dreißig an dir selber. Oder du bist eine Frau, hast Geige studiert und heiratest einen Typen, der in Frankfurt im Hochhaus arbeitet. Aber dieses Glück hatte ich einfach nicht.

Ich bin noch nie so müde gewesen wie in Doha neben der Steckdose. Ich will in so ein totes Büro in Steglitz oder Recklinghausen oder Offenbach und dort einfach nur jahrelang schlafen. Ich will Topfpflanzen. Teppich im Büro. Kollegen, die sich überlegen, ob sie einen Passat leasen sollen, ob der nächste Urlaub nach Marokko oder in die Türkei geht. Ich will über die Bundesliga reden, stundenlang. Ob die Stuttgarter es mal wieder nach oben schaffen. Ob die Eintracht ein Stürmerproblem hat. Ob der Effzeh eigentlich nicht doch ein Karnevalsverein ist.

Ich stehe auf, gehe zum Gate, ärgere mich noch ein paar Stunden lang und bin dann wieder in Deutschland.

So war das mit der Geschichte in Seoul, durch die ich plötzlich auf der Suche nach einem Schreibtischjob bin. Aber um den kann ich mich erst am Montag kümmern. Jetzt ist es Freitagabend, und ich streune mit meinen letzten zweihundert Euro und meinem Koffer durch Berlin und bleibe in einer Bar in Mitte hängen, wo ich mir einen Apfelsaft bestelle und nasse Handflächen bekomme.

Es ist ein altes Gefühl, ein Gefühl von Hunger und Geilheit, von Einsamkeit und unweigerlich aufziehender Katastrophe. Ich kenne es gut. Ich kann es mittlerweile deuten. Es bedeutet: Ich brauche einen Job.

Ein paar Stunden später sitze ich in einer anderen Bar, weiter oben im Wedding, weiter unten im Publikum. Ein Typ mit dunklen, spitz hochgegelten Haaren sitzt seit einiger Zeit neben mir und erzählt von seinem Onkel, dass sein Onkel sein Geschäft quasi neu erfinden will. Das Geschäftsmodell soll sich ändern. »*Pivot*«, sagt der Typ, »das heißt Pivot in der Fachsprache«, und nickt zufrieden. Er fragt: »Kannst du was mit Computern?«

»Computer ist mein zweiter Vorname«, sage ich.

»Echt?« Der Typ ist unsicher.

»Quatsch, ich heiße eigentlich Johannes mit zweitem Vornamen.«

»Kein Witz: Ich hätte es auch echt komisch gefunden«, gesteht er, gibt mir die Hand und stellt sich selbst als Tom vor. Dann geht er in die Details und sagt, dass sein Onkel was mit Computern aufziehen will. Was richtig Großes.

Klar, sage ich, hat noch nie jemand einen Computer gekauft, um was Kleines hochzuziehen.

Tom guckt mich wieder komisch an und sagt dann: »Kannst du bitte, bitte, bitte damit aufhören?«

Herr Richter von der Allianz sieht sich um, ob es da irgendwo eine versteckte Kamera an seinem Arbeitsplatz gibt. Dann liest er meinen Lebenslauf weiter.

Montagmorgen, Berlin-Tempelhof. Bernd Richter ist ein junger Typ mit schütterem blondem Haar. »Sehr gut«, presst er durch seine riesigen Zähne, »sehr gut.« Er sieht mich über seine randlose Brille hinweg an, lächelt. »Sehr gut, sehr gut. Und Sie bewerben sich auf die Stelle als ... was genau?«

»Schreibtisch«, sage ich und räuspere mich. »Ich würde hier gerne am Schreibtisch arbeiten.« Das klingt falsch, ist es auch. Das klingt so, als hätte ich noch nicht so viele Sachen mitgemacht, die das bloße Sitzen am Schreibtisch übertreffen würden.

Er legt meinen Lebenslauf zur Seite, sieht noch einmal drauf, wie um sich zu vergewissern, dass er sich nicht verlesen hat.

Ich weiß mit einem Mal, dass der nachher in der Kaffeeküche an der Pinnwand hängen und zum Ende der Allianz oder dem Explodieren der Sonne – was in etwa zur gleichen Zeit geschehen dürfte – dort hängen bleiben wird, die besten Stellen angestrichen und umkreist: Lederhose! Animateur! Tretboot!

»Der Typ, dem der Lebenslauf gehört, ist am Montagmorgen einfach mal so in ein Büro der Allianz gekommen und hat gefragt, ob die einen leeren Schreibtisch hätten, an dem er gegen Geld sitzen könne. Ein Tipp, erfahren vom Freund vom Freund. ›Und wann kann ich anfangen?‹«

Ich müsste eigentlich sofort aufstehen und gehen. Wenn ich Janosch wäre, würde ich mir jetzt die *Landesmeister-1983-HSV*-Mütze vors Gesicht halten und mich bis zum Ausgang tasten. Aber da ist diese Sache, wegen der ich es doch noch weiter versuche.

Am Wochenende bin ich mit Tom aus der Bar am frühen Morgen

zu seinem computerbegeisterten Onkel gegangen. Nicht zu ihm nach Hause, sondern zu seiner Arbeit, die darin besteht, eine ganze Reihe Wettbüros und Casinos im Wedding zu besitzen und hauptberuflich über diesem Imperium zu thronen.

Rudi hat uns erst mal Kaffee gemacht, ein bisschen geheimnistuerisch herumgedruckst und dann gefragt: »Kannst du mit Computern umgehen?«, woraufhin Tom meinte, dass Computer mein zweiter Vorname sei und Onkel Rudi ein paar Sekunden nachdenken musste. »Nein, oder?«

Hier in Tempelhof bei der Allianz schafft es Bernd Richter, beim Blick auf meinen Lebenslauf nicht zu lachen. »Tja«, sagt er, sich räuspernd. »Ich könnte Ihnen höchstens eine Stelle als Außendienstler anbieten.«

»Bedeutet das, dass ich Leuten eine Versicherung aufschwatzen muss?«

»Im Außendienst hätten Sie viele verschiedene Aufgaben«, sagt Bernd Richter. »Dazu gehört sicherlich auch die Akquise von Kunden.«

Ich nicke. »Kein Schreibtisch?«

»Es steht Ihnen frei, zur Vor- und Nachbereitung unsere Räumlichkeiten zu nutzen.«

Ich sehe mich um. Blauer Teppich. Raumtrenner mit Bespannung. Info-Broschüren. Grau-weiße Wände. Dazwischen überall praktische Menschen, die in den Räumen existieren.

Onkel Rudi sagte am Samstagmorgen, dass er jemanden braucht, der Geld investiert. Geld, das sonst nur herumliegen würde, und auf der Bank gibt es so wenig Zinsen, Sparbücher sind ja nichts mehr wert heutzutage … Kurz, Onkel Rudi braucht jemanden, der sein Geld als Daytrader in billigen Pennystocks anlegt und Käufe und Verkäufe vornimmt. Hin und her und hin und her, und wenn man gut ist, hat Onkel Rudi gelesen, nimmt die Investition irgendwann richtig Fahrt auf und verdoppelt und verdreifacht den Wert.

»Wenn man gut ist«, habe ich gesagt.

»Ich dachte, du kannst mit Computern.«

»Das schon, aber hat das nicht eher was mit Timing zu tun?«, habe ich gefragt, woraufhin Onkel Rudi auf sein mit allerlei teurem Krempel vollgeräumtes Büro gezeigt hat: »Timing und Glück. Ich bin ein Glückskind. Was ich brauche, ist jemand, der weiß, wie man mit dem Ding, mit der Maus klickt.«

»Wenn Sie bei der Allianz im Außendienst arbeiten, kann das ein sehr interessantes Sprungbrett für Sie sein. Die Allianz steht für Stabilität und Sicherheit, und das kann sicherlich nicht schaden«, sagt Bernd Richter nun mit leiser und Vertrauen einflößender Stimme.

»Absolut«, sage ich und bedanke mich dafür, dass er sich die Zeit genommen hat.

Er sagt noch einmal: »Ich könnte mir wirklich gut vorstellen, dass Sie für unsere Kunden der erste Ansprechpartner sind. Sie sind ein positiver Mensch.«

»Absolut«, sage ich noch einmal, schüttle Bernd Richter die Hand, dann gehe ich nach draußen und sehe mir noch einmal das Gebäude von außen an. Nirgends sieht Berlin mehr aus wie Kassel als hier.

Erst einmal will ich noch ein bisschen über Onkel Rudis Angebot nachdenken. Ganz klar: Bevor ich *Sales* bzw. Akquise mache, gehe ich zur Wettbüro-Mafia. Für den Allianz-Außendienst bin ich noch lange nicht verzweifelt genug.

Ich starre auf Zahlen und Buchstabenkürzel, Hunderte, Tausende. Zu spät die Erkenntnis: Ich hätte doch den Trading-Lehrgang in dem Vorort von Frankfurt machen sollen, den sie neulich auf der einen Website angepriesen hatten. Zu spät. Jetzt heißt es smart sein. Street-smart.

Sieben von zehn Daytradern verlieren alles, und das in der Regel ziemlich fix. Wie wird man einer der drei, die wenigstens ihren Einsatz behalten? Gibt es darüber Bücher? Tom und Onkel Rudi meinten, dass Bücher Quatsch seien. Man müsse üben und intuitiv handeln. Ich habe aber nur eine Kugel im Lauf. Nämlich den festgesetzten Betrag von Onkel Rudi, an dem ich beteiligt bin – wenn ich einen Gewinn heraushole. Ich weiß nicht viel über Onkel Rudi, aber ich bin mir sicher, dass er nicht gerne gesagt bekommt, dass sein Investment futsch ist.

Und ich weiß auch nicht viel mehr über mich, außer, dass ich ein totaler Suchtmensch bin. Keine Ahnung, wo das herkommt. Wenn es also jemanden gibt, der nicht weiß, wann er aufzuhören hat, dann bin das ich.

»Es gibt so bestimmte Sperren, die dich daran hindern, unter einen bestimmten Betrag zu fallen. Stop-Loss heißt das«, hat mir Tom erklärt. Offenbar kann er Gedanken lesen.

»Kannst du das bitte erst mal ganz hoch ansetzen? Diese Grenze?«

»Nee, dann wärst du ja jedes Mal schon nach einer halben Stunde für den Tag fertig. Du kannst ruhig mit dem Geld rumspielen. Onkel Rudi hat selber gesagt, dass das zunächst nur ein Testlauf ist.«

Ich denke: Onkel Rudi hat aber auch Leuten versprochen, ihnen nichts zu tun, wenn sie ihre Schulden nicht pünktlich zurückzahlen – und die Leute kann man ja mal fragen, wie fair und rücksichtsvoll er sich in so einer Situation verhalten hat. Jedenfalls hat er Tom und mir am Samstagvormittag noch in richtig guter Stimmung ein paar Storys erzählt, Storys, bei denen man sich fragt, ob man nicht lieber sofort wieder nach Seoul zum Englischlehren abhauen sollte. Onkel Rudi war es aber auch wichtig, mir zu verstehen zu geben, dass nicht die Welt untergeht, wenn in der ersten Woche nichts draus wird. Er braucht halt jemanden, der mit Linksklick und Rechtsklick kann und Zeit hat. Er hat nicht gesagt »und der auf dem letzten Loch pfeift«, aber das schwang schon mehr als deutlich mit. Subtil ist nicht Onkel Rudis Stärke, aber wozu auch? Nur mal so theoretisch: Wenn ich einer wäre, der dringend sein Geld waschen muss und nebenbei noch ein bisschen auf Future und Investmenttaktiken aus der Gegenwart setzt, dann würde ich mir für mein Daytrading-Vorhaben garantiert auch jemanden holen, den mein Neffe in einer Bar im Wedding aufgegabelt hat.

Ganz so hoch darf der Anspruch an mich also nicht sein. Die wichtigste Lektion habe ich bereits gelernt: niemals impulsiv traden. »Aber was ist, wenn man abends genau auf dem richtigen Level angeballert nach Hause kommt und mit einem Mal den großen Durchblick hat?«, habe ich Tom gefragt.

»Deshalb stecken wir dich ja in die Wohnung und schließen von außen die Tür ab.«

»Ihr sperrt mich ein?«

»Voller Kühlschrank, Hanteln, Hantelbank, du hast alles, was du brauchst. Außer Ablenkung.«

Und so sitze ich hier. Drei Monitore, einer davon senkrecht aufgebaut. Ein zweiter Rechner als Backup. Dazu ein Laptop für alle Fälle. Tom erzählt von Schreckensszenarien, in denen Leuten die Platinen durchgeglimmt sind, er hätte das in »so Foren« gelesen.

Ich habe ihn entsetzt angeschaut.

»Kein Scheiß«, sagte er und drückte mir den zweiten Rechner in den Arm. »Niemals ohne zweiten Rechner. Niemals ohne. Und noch etwas: Denk nicht einmal daran, beim Arbeiten Cola zu trinken. Wenn die auf die Tastatur kommt, dann ist Polen offen. Da habe ich die schlimmsten Sachen gelesen.«

»Direkt vor dem Abschluss einer großen Sache, was?«

»Mann, du hast keine Ahnung.«

Tom schwitzte. Früher schaute man sich *Chucky* und *Freddy Krueger* an, heute liest man sich fingernägelknabbernd grammatikalisch grenzwertigen Bullshit durch, den ruinierte Trader einander in Internetforen berichten. Die schauerliche Geschichte vom gefickten Motherboard. Die ungeheuerliche Begebenheit von der zerschmolzenen Festplatte. Nicht zu vergessen: heißer Kaffee, verschüttet zwischen Leertaste und x, c, v, b und n.

»Aber Vorsicht«, warnt Tom. »Es soll Leute geben, die davon abhängig geworden sind.«

Ich betrachte den Raum, in dem ich die nächste Zeit verbringen werde. Kahle Wände mit Rissen. Ein Kühlschrank, der laut summt. Ein Wasserkocher, der bessere Zeiten gesehen hat. Hanteln und Hantelbank, wie angekündigt. Dazu abgedunkelte Fenster. Aber wieso nicht? Es soll ja auch Menschen geben, die sich zu ihren Entführern hingezogen fühlen.

Tom steht in der Tür, den Schlüssel in der Hand, und sagt: »Sei froh, dass du nicht in Indien bist.«

Ich verstehe den Satz nicht, nicke aber trotzdem. Stimmt. An manchen Tagen bin ich einfach echt froh, dass ich nicht in Indien bin. Der Nachmittag mit Tom in dem Loch im Wedding zählt aber nicht dazu.

So ist es, denke ich und versuche mich selber heiß zu machen: Daytrading. Hol dir zwei Rechner und drei große Bildschirme. Bestell dir ein paar Ersatzteile für die Rechner, damit du die schnell auswechseln kannst, falls die dir unweigerlich wegglühen. Hol dir einen bequemen Stuhl und ein paar Hanteln als Ausgleich, und mach die Schotten dicht. Sonnenlicht ist dein Feind. Du bist jetzt hier drin. Nicht richtig gefangen, aber verlass den Raum nicht, bevor du ein paar Tausend rausgeholt hast. Innerhalb von einer Stunde kannst du ruiniert sein – oder auf dem besten Weg, den nächsten Winter auf den Malediven zu verbringen.

Tom hat gesagt, dass man in der Regel mindestens fünfhundert Euro am Tag rausholt. Alles unter dreihundert Euro ist ein verlorener Tag.

Setz deine Glücksmütze auf – genau, die mit *St. Louis Blues* drauf – und stell dich vor den Spiegel. Tief ein- und tief ausatmen. Positive Autosuggestion. Ein und aus. Du musst es spüren, du musst es spüren.

Spüren? Es ist verdammt langweilig. Es wäre schöner, wenn im Hirn ein bisschen was passieren würde, ein bisschen Feuerwerk. Wenn schon keine äußeren Reize reinkommen, nur Zahlen und Kürzel. Aber Drogen sind nicht erlaubt.

Ab in den Sessel. Musik an? Musik aus? Was genau bedeuten die ganzen blinkenden Ziffern?

Den ersten Tag in Gefangenschaft brauche ich erst einmal dazu, mich auf der Benutzeroberfläche des Trading-Programms zurechtzufinden. Am zweiten Tag verliere ich hier und da, dümple an der Stop-Loss-Grenze herum, bis ich irgendwann aus Frust und Langeweile wahllos Käufe und Verkäufe vornehme und dadurch doch noch ein paar mickrige Euros in die Kasse spüle. Nichts, was aus Onkel Rudi ein zufrieden-kehliges Lachen holen würde.

Am dritten Tag verdiene ich auf einen Schlag viertausend Euro. Eigentlich nicht auf einen Schlag, vielmehr setze ich wieder wahllos auf Verkäufe, bis jede Menge Farbanimationen über den Bildschirm flimmern und – kein Witz – eine quäkige Fanfare ertönt.

Ein unglaublicher Flash, der sofort Glückshormone ausschickt. Ich kann mich nicht erinnern, dass ich mich jemals so gefühlt habe. Vielleicht als ich Taxi gefahren und nicht von der Polizei erwischt worden bin. Als ich U2 gesungen habe, um nicht in den Knast zu kommen. Ich brauche das offenbar. Angst. Bedrohung. Todesangst. Das ist es. Ich mache erst einmal zehn Liegestütze, weil mir nichts Besseres einfällt.

Ich habe plötzlich mächtig Durst. Ich kann mich nicht erinnern, etwas getrunken zu haben. Ich nehme den verkalkten Wasserkocher zur Hand, aber den werde ich nicht benutzen, niemals, no way. Dann sind da noch ein paar Dosen Red Bull, die ich im Kühlschrank entdecke. Nicht wirklich Red Bull, sondern billige, bunte

Nachbauten, die genauso schmecken. Ich reiße zwei Dosen auf und trinke sie weg. Genau das, was ich brauche: noch mehr Stimulation, noch mehr Ratterditatter im Kreislauf.

Tom ruft an und will wissen, was gerade passiert sei, ob es mir gut geht. Er ruft an, weil Onkel Rudi eine automatische SMS bekommen und vor Glück geschrien hat, mehrmals geschrien. Ich drücke ihn weg, will das High für mich allein genießen.

Ich schwebe auf einer saugefährlichen Euphoriewolke. Ich will jemanden anrufen. Wen kenne ich in Berlin? Mir fällt nur Cynthia ein, die seit zehn Jahren dieselbe einfache Telefonnummer hat, die mir quasi ins Hirn tätowiert ist.

»Wo bist du?« Ihre Stimme schlurrt durch die Tonlagen, rauchig, immer die Stimme, wegen der du als Mann das Gefühl hast, du müsstest in den Wald gehen und was killen.

»In Berlin.«

»Cool. Wo?« Eine Stimme, als hätte sie bei dir die Hand im Schritt.

»Keine Ahnung. Im Wedding.«

»Bist du auf einer Party?«

»Sozusagen.«

»Geht es dir gut?«

»Super. Willst du vorbeikommen?«

»Kenne ich da jemanden?«

»Bin nur ich.«

»Aber eben sagtest du noch, dass du auf einer Party wärst.«

»Genau.«

»Geht es dir gut? Was ist los? Bist du betrunken?«

»Im Gegenteil.«

»Was ist das Gegenteil von betrunken?« Die kann echt Fragen stellen – sie ist Journalistin.

»Tschüs«, sage ich und lege auf. Keine Ahnung, was das sollte. Komische Geschichte. Ich sollte ein paar mehr Trades machen, finde ich und setze mich zurück vor die Monitore. Konzentration. Konzentration. Konzentration. Aber ich kann mich nicht konzentrieren. Die Magie ist weggeblasen. Ob es draußen hell ist? Dunkel? Ich linse durch die Jalousie und sehe Abend, dunkelblaues Licht im Berliner Norden, Menschen in grauen und schwarzen Sachen, die nicht schnell genug nach Hause kommen können.

Mein Telefon klingelt. Es ist Cynthia. »Wo bist du, hast du gesagt?«

»Irgendwo an der U-Bahn Pankstraße oder so. Vor meinem Fenster ist ein gelber Sportwagen geparkt. Zweite Etage.«

Sie legt auf.

»Wie siehst du denn aus?« Wie oft habe ich diese Frage schon gehört? Und nie habe ich eine sinnvolle Antwort darauf. Tragisch.

Wir sitzen im Taxi, das Cynthia gerufen hat. Sie sagt: »Ich habe mal was gelesen. Nämlich, dass Daytrader vor einem Trade dieselben Hirnaktivitäten aufzeigen wie Cracksüchtige, die sich die Pfeife klarmachen.«

Das erzählt sie mir, der sich vor fünf Minuten aus dem Fenster im zweiten Stock gehangelt hat, um seinem Casino-und Wettbüro-gesponserten Arbeitsplatz zu entkommen. Das erzählt sie ausgerechnet mir.

Aber meinetwegen. Das kann hinkommen. Klingt plausibel. Ich fühle mich, als müsste ich hundert Jahre schlafen.

»Wann hast du das letzte Mal geduscht?«

»Am Montag, glaube ich. Vor der Allianz.«

Cynthia sagt erst mal nichts. Die Lichter der Stadt wischen über uns hinweg. Im Radio kommt Helene Fischer, und in meinen Ohren klingt es wunderbar. So normal, so nüchtern, so heilsam.

»Aber bestimmt nicht diese Woche Montag«, sagt der Taxifahrer.

14 Was dein innerer Sechsjähriger will

Jetzt sitze ich in einem Büro in einer ehemaligen Fabrik in Kreuzberg. Dank Cynthia und ein bisschen Rumtelefoniererei bei ihren Start-up-Kontakten bin ich plötzlich Redakteur. Ich schreibe lebensbejahende, positive Blogeinträge zu verschiedenen Themen, die den Tenor haben, dass jeder Tag das ist, was du aus ihm machst. Hauptsache Traffic auf die Seite bringen. »Viral geht«, sagt ein Typ mit Brille und Basecap, »was inspiriert.«

Ich nicke. Ich glaube, ich weiß, was er meint. Später werde ich gefragt, ob ich mit in den Görlitzer Park kommen will. Mittagspause, Fun Lunch mit Cynthia, Dolph und Megan. Aufblasbare Tiere, Wochenendtrips nach Barcelona, wie bin ich hierher geraten? Ich bin ein kellerbleicher Typ, der arbeitsmarktmäßig gerade kriegsversehrt eingeflogen wurde, jetzt sitze ich unter Mittzwanzigern, die jedes Wochenende in den Urlaub fliegen oder meditieren, die einander Yoga-Kurse empfehlen und Teerezepte zur inneren Reinigung weiterreichen. Ich bin vollauf damit beschäftigt, mich die ganze Zeit für mich selbst zu schämen. Alle sind so *rein* und irgendwie *wissend*. Es kommt mir so vor, als hielten diese jüngeren Gestalten permanent Gespräche mit einem uralten Baum, der sie in die Ewigkeit einweiht, während ich quasi *Bild*-Zeitung lesend und currywurstsüchtig heraussteche. Es gibt Gutscheine für Events, die mir nichts sagen, außerdem Konzerttickets, und obwohl ich nichts davon wahrnehme, ist es ganz lustig.

Beim Lunch im Park tauchen jedoch Gerüchte auf, dass die Firma nicht gut läuft. Komisch, sieht doch alles toll aus. Mit dem

Lunch und den selbstbewussten Kollegen, den coolen Postern von befreundeten Designern, dem Kickertisch am Büfett.

Vielleicht sollten die mal Onkel Rudi fragen, wie man so einen Laden zum Laufen bringt. Denn die Geschichte mit Onkel Rudi war am Ende gar nicht so schlimm, er hat mir verziehen, dass ich durchs Fenster abgehauen bin. Wegen der viertausend Euro. Ärgerlich nur, dass er Tom gleich danach vor den Rechner gesetzt hat, und der hatte ein nicht ganz so glückliches Händchen. Immerhin ist Onkel Rudi nicht nachtragend und ist ohne Verluste aus der Computerwoche gegangen. Onkel Rudi hat mir sogar mal überschlagen, dass er mit etwa hundert Euro plus aus der Sache rausgegangen ist. »Plus«, hat er gesagt, »plus, das klingt zwar erst mal gut, aber wenn du das nachrechnest, ergibt das einen katastrophalen Stundenlohn«, will er von allen Menschen auf der Erde ausgerechnet mir erzählen. Ich habe ihm nicht gesagt, dass ich schon für weniger Geld gearbeitet habe.

Ich sitze also am Schreibtisch und denke über Onkel Rudi nach, darüber, ob sich aus dem Mann ein positiver Blogpost ableiten ließe. Zum Beispiel dass jeder Tag ein Tag ist, den Onkel Rudi dir erlaubt. »*Sechs Sachen, die du vom organisierten Verbrechen lernen kannst.*« »*Neunziger sind back! Fünf Leute, die zwischen 90 und 99 verschwunden sind, ohne dass man Onkel Rudi was nachweisen kann.*« »*WTF? DAS trägt man jetzt im Wedding!?*«

Oh Mann. Schluss! Viel zu negativ, viel zu zynisch. So erreicht man niemanden. Ich denke an die Worte des Typen mit Brille und Basecap: »Du musst Menschen dazu inspirieren, ihren inneren Sechsjährigen zu entdecken. Sonst funktioniert Online-Content nicht.«

Während ich so nachdenke, kommt eine Rundmail vom Gründer der Firma. Jeder müsse in sich gehen und überlegen, warum er für die Firma arbeiten will. »Das ist eure Chance«, schreibt er. »Das ist die Gelegenheit, die sich uns allen bietet, etwas ganz Großes zu machen – aber ihr müsst alle dazu bereit sein.«

Ich verstehe nur Bahnhof.

»Die Antwort bitte per Mail zurück bis End of Day. Das ist unsere Chance, das nächste Level zu erreichen«, steht da am Ende. Ich sehe mich um. Erschrockene Gesichter. Die Nachricht ist deutlich. Hier wird ausgesiebt. Die Kollegen sehen plötzlich total verspannt aus. Was soll man denen zur Beruhigung sagen: Hey, ihr werdet in eurem Leben bestimmt noch oft entlassen?

Ich merke, dass erst einmal alle Arbeit ruht. Alle Projekte auf Eis. Niemand traut sich aufzustehen oder an der Kaffeemaschine zu loungen. Neben mir das Mädchen ist voll drin, hackt gleich eine ziemlich lange Antwortmail in die Tastatur, sie ist definitiv auf dem richtigen Weg, das nächste Level zu erreichen. Ich sehe ihr dabei zu, wie sie sich konzentriert die Haare hochsteckt und weiter tippt, tippt, tippt. Mit ihrer Zweitausend-Wort-E-Mail legt sie die Latte ziemlich hoch.

Ich denke lange nach, aber mir fällt nichts ein. Nächstes Level erreichen? Ich habe nicht einmal das jetzige Level verstanden. Nach einer halben Stunde wird es mir zu albern, und ich kenne meine Antwort. Ich schreibe: »Hey Christian, ich will eigentlich gar nicht für dich arbeiten. Viel Erfolg! xoxo Alex«

Ich greife mir zum Abschied eine Club Mate aus dem Kühlschrank und gehe nach draußen in den Park.

Ein paar Wochen später treffe ich Christian im Soho House wieder, wo er an der Bar sitzt und mir erklärt, dass sich die Kollegen mit der Antwort auf die E-Mail schlimm einen abgebrochen haben und dass ihm, als er die Antworten las, klar wurde, dass er den Laden sofort komplett dichtmachen sollte. Das war es ihm nicht wert. »Das wäre vielleicht mit viel Hängen und Würgen ein halbes Jahr weitergegangen. Mit der Workforce?« Er bindet seine blonden Haare zum Zopf. »Coder, die 25 sind und sich selber das Gehalt in den Vertrag schreiben können. Weißt du, was aus denen wird? Alte

Männer. Und das richtig schnell. Die fangen an, Scotch zu sammeln oder nur noch an Kitesurfing zu denken, sind dann mit Ende 20 schon in so einer Rückzugsphase, zu einer Zeit, in der ein Mann irgendwie richtig ranklotzen sollte.« Christian konnte es ganz ehrlich nicht fassen, war außer sich. »Ich meine: Die erwarten, dass wir ihnen Unternehmen geben, die das absolute Lotusland sind, Station Hawaii. Yoga und Massagen. Eine Kantine mit ausschließlich Bio-Stuff. Aber ohne mich.« Christian, etwa ein *Hater?* Der Verdacht drängt sich auf. »Dann lieber jetzt Urlaub machen und was Neues planen.« Er habe da schon ein paar Ideen, ob ich die hören wolle?

Ich bestelle ihm erst mal was zu trinken und haue ihm auf die Schulter: »Du und ich hier, Mensch, na so was.«

Jedenfalls, sagt er, sei er randvoll mit Ideen.

Ideen, das ist schon mal super. Ich selbst bin ja gleich beim nächsten Ding gelandet, einem Start-up in der Torstraße, wo wir auch jeden Mittwochnachmittag über Ideen reden und uns voll frei in die Future der Company mit unseren Brain Farts einbringen können.

Aber Christian hat das Erlebnis erst mal geschockt. Er sagt: »Scheiß auf den Start-up-Kram. Ich gehe nach Frankfurt. Frankfurt am Main«, erklärt er.

»Und?«

»Ich mache was mit Geld.«

»Kluger Markt«, sage ich. »Da ist immer viel Wachstum zu erkennen.«

»Ja, oder?« Er ist glücklich, als hätte er endlich, endlich, endlich irgendeinen Code geknackt. Dabei ist es die natürlichste Sache der Welt. Wenn du nicht nach Frankfurt gehst, um dort »was mit Geld zu machen«, dann stehen die Chancen gut, dass du masochistisch veranlagt bist. Es sei denn, du bist eine Frau. Dann kannst du Geige studieren.

Christian sagt: »Aber pass auf: Deine Antwort war die beste.«

Ich komme ja auch noch aus der Opa-Economy, denke ich, wo

man glaubt, dass man mit Tretbooten sein Leben bestreiten könnte. Wo man, wenn man eine wirtschaftliche Totgeburt sieht, so weit wie möglich wegrennt.

»Und du?«, fragt er.

»Ich gehe zur Allianz.«

Er sieht aus, als hätte ich ihn beleidigt. Er steht auf, dann dreht er sich noch einmal um und nickt mir anerkennend zu, als hätte ich gerade vor seinen Augen einen kolossalen, irgendwie unverschämten Lifehack gezündet.

Ich sitze im Park, Fun Lunch mit Nathalie, Bar und Ron. Wir packen Sushi aus. Irgendwie kommt mir das alles verdammt vertraut vor. Mittlerweile arbeite ich für rockzzzz.com, das ist das dritte oder vierte Start-up binnen eines halben Jahres, ich habe den Überblick verloren.

Unter uns: Die ersten paar Monate in einem Start-up sind besser als ein Sonntagmorgen in der Panorama-Bar. Du hast die leeren ehemaligen Fabrikgebäude. Da lasst ihr die großen Kühlschränke mit Crushed-Ice-Spender reinrollen. Randvoll mit Club Mate und Vitamin Water und Becks Lemon, gekühlter Sojamilch und Minzblättern. Jemand schleppt eine Couch an, die ihr zusammen in den vierten Stock hievt, weil die Kühlschranklieferanten irgendwie den Industrie-Lift ruiniert haben und der Hausmeister ab siebzehn Uhr nicht mehr ans Telefon geht. Die Couch steht in der Mitte des Raums. Das ist jetzt euer #thinkpod. Nutzt das also auch, bitte. Die MacBooks werden ausgeteilt wie Schultüten, und ihr steht zusammen und unterhaltet euch über Nebenbei-Projekte. Tumblr und wordpress, ihr skypt euch hinterher gegenseitig die URLs.

Die ersten Investoren kommen, Angel-Investoren, das bekommst du gar nicht mit. Die Typen, die vorhin da im thinkpod saßen? Die in Hoodies mit den Bärten, waren das etwa Investoren? Jemand nickt.

Ihr scored eine niedrige sechsstellige Summe. Alter! Par-tay! High five! Auf dem Dach der Anlage, mit Blick auf die Spree. Hol den BBQ-Grill raus und pack die veganen Patties auf den Rost, denn das hier geht die ganze Nacht. Und guck dir bitte mal in Ruhe deine Kolleginnen an: Sehen die nicht wunderschön aus? So #instagram-mäßig? Mit diesem #boho- und #coachella- Chic? Hat das nicht etwas ganz Besonderes, wenn sie da so dünn und frierend im Mondlicht stehen, hinter ihnen der Fernsehturm, und gebannt der Geschichte des fünfundzwanzigjährigen Gründers lauschen, die er jetzt schon zum vierten Mal erzählt? Wie er den Scheiß quasi von null aufgezogen hat. Nur mit dem alten Düsseldorfer Geld seiner Eltern und der Hilfe dieses einen Onkels, der im Silicon Valley was mit #tech und immer zusammen mit dem Mann von Twitter Mittag macht.

Am nächsten Morgen werden Aufkleber mit eurem Firmenlogo geliefert. Alter! Sticker! High five! Wie Rockstars. Ihr klappt den Laptop zu und überklebt das leuchtende Apple-Logo mit dem Sticker. Ein heiliger Akt. Seit deinem Zivildienst im Kindergarten hast du keine reinere Freude mehr erlebt als die der siebenundzwanzigjährigen Kulturwissenschaftlerin, der man erlaubt, das Company-MacBook mit einem Sticker von Pippi Langstrumpf zu verzieren.

gruenderszene.de schickt eine Reporterin vorbei, die sich eure Räume zeigen lässt, Fotos macht und am Ende vier Absätze Content für ihre Startseite liefert. Euer Marketing linkt den Artikel auf allen Kanälen. Alter! #viral! High five! High fives für alle!

Sandrine kommt zu dir und fragt dich nach deiner Meinung, schüchtern lächelnd: Ob man als Farbe für die Toolbar nicht eher Grey Azur nehmen sollte anstatt Cherry Red? Sie hat da ein paar #wireframes vorbereitet …

Greif dir erst mal ein paar Eiweißriegel und atme tief durch. Wow. Was für eine großartige Zeit, um am Leben zu sein.

Andere Investoren kommen, schwarze BMWs werden auf dem

Fabrikgelände geparkt. Plötzlich heißt es, ihr sollt lange Hosen tragen, die Mädels vielleicht die Haare hochstecken, wäre nicht schlecht, wenn alle ein bisschen #busy aussehen. Und bitte, bitte, holt um Himmels willen die Animals-Collective-Poster von den Wänden.

Aber dann bekommt der Plan Risse. Die neuen Investoren sind nicht davon beeindruckt. Insbesondere die Gehaltskosten sind untragbar hoch. Und ist das Konzept wirklich #scalable?

Euer Gründer verspricht eine schnelle Umstrukturierung und lächelt, aber die Laune ist nicht mehr die beste, und am Freitagabend sitzt ihr bei Club Mate und Falafel beisammen und besprecht, wie ihr das #product attraktiver gestalten könnt. Da merkst du, dass du keine Ahnung hast, was die Company überhaupt macht.

Du fragst Clément, der dir, mit Falafel im Mund, heimlich zuraunt: *Revolutionizing digital lifestyles.*

Fuck, sagst du, aber das klingt doch großartig! Was soll denn daran jetzt auf einmal nicht funktionieren? Was ist mit den Stickern auf den MacBooks? Den pfiffigen Blogposts, die du immer geschrieben hast, den ganzen facebook-Posts und den Tweets, die alle so schön #viral gingen? Der #voice, die du der Company gegeben hast? Und hat nicht neulich erst Sandrine die Farbe der Toolbar von Cherry Red zu – Moment ...

Sie versuchen es dir zu erklären, während sie ihre Rennräder von der Laterne schließen: *keine Scalability.*

Scala-was?

Ron und Zoey verdrehen die Augen: Reality Check – das hier ist ein Business und kein CVJM-Sommercamp.

Du sagst: Reality Check – ich bin der Typ, der MS-Office kann und euch lustige gifs für den Blog zusammensucht.

Aber eigentlich spürst du, dass auch sie ratlos sind.

Und auweia: Am Montag darauf kullert der Gründer aus dem wochenendgemieteten Porsche, koksnasig und bleich, und die

Marketing-Praktikantin quält sich lustlos und enttäuscht vom Beifahrersitz, und als Nächstes geht ihr alle wieder nach Hause.

Gefeuert? Ach, Quatsch, nein, nein, es ist nur eine kurze Phase des strategischen Re-Tooling geplant. Keine Sorge. Der Gründer muss nur mal eben nach Istanbul oder Barcelona, um sich von anderen Orten inspirieren zu lassen.

Dann wird euer Gründer bei Facebook auf einem Foto mit seinen alten Hockeykumpels in Düsseldorf markiert, und ihr begreift, dass der Typ seit Wochen bei seinen Eltern rumhängt und Bud-Spencer-Filme guckt.

Kurze Zeit darauf stehst du im Büro in der Schlange mit den anderen, die ihre Arbeitsmaterialien abgeben, und fragst dich, ob du den Sticker vom Laptop selber abkratzen sollst oder ob das euer Tech-Department (der Sascha und der Olli) übernimmt.

Tja, und wer das einmal erlebt hat, der ist für jede Beamtenlaufbahn oder Sparkasse für alle Zeiten verloren. Wer einmal die ganze Woche lang inklusive #weekend in ein und derselben Hose gewohnt hat, weil er keine Zeit hatte, sich umzuziehen oder von der Arbeit nach Hause zu gehen, wer feststellt, dass Hosen für die Performance *gänzlich irrelevant* sind, der wird wahrscheinlich nie in den hohen Etagen der Automobilbranche sitzen. Eigentlich, denke ich plötzlich – und ich erschrecke dabei –, findet man in Start-ups die beste Arbeit. Es darf einem nur nicht der große Fehler unterlaufen, dreißig zu werden.

Bei mir scheint es definitiv zu spät zu sein. Denn je weiter ich mich in die Start-up-Ecke buddle, desto unwahrscheinlicher ist es, dass ich da jemals wieder herauskomme. Aber das ist eigentlich gar nicht unangenehm. Ich sehe mir selber dabei zu, wie ich quereinstiegsmäßig tatsächlich ziemlich fix auf einen gesicherten Lebensabend zuwanke, wie von Finanz-Christian prophezeit. Bei der Allianz winken sie vielleicht ab, aber im Start-up feiern sie meinen Lebenslauf, lesen ihn grinsend durch und freuen sich. Ich mich plötzlich auch. Ich bin irgendwie ein stranger, aber positiv zu bewertender Typ, der Tretboot-Loser mit Neun-Tage-Bart, der sich um drei Uhr am Nachmittag ein Bier aus dem großen, freistehenden Kühlschrank greift und in die Sonne setzt, bereit zum strategischen Big Think. Mit zweiunddreißig Senior Dingsbums, ein Titel, für den ich auf die Visitenkarte gucken muss, den ich nicht mal verstehe. In Start-up-Berlin kann ein Mensch verschütt gehen, ertrinken, nie wieder auftauchen, sich in einem unendlich langen lebensbejahenden Blogpost verlieren. Plötzlich 30, plötzlich 32, 34, 35. Und weil du kein Coder bist, weil du nicht tatsächlich arbeitest, sondern eher so einen symbolischen Maskottchen-Beitrag leistest, muss man sich für dich neue Departments überlegen, vor die sie den »Senior«-Titel pappen können.

Meine Strategie: Wenn ich mal wieder keinen Plan habe, was ich überhaupt in der Firma mache oder was die Firma überhaupt macht, gehe ich mit dem Laptop nach draußen und behaupte, ich müsste was big thinken, eine neue Strategie oder was, und alle finden das in Ordnung, sind vielleicht sogar ein bisschen beeindruckt.

Draußen funktioniert das WLAN kaum, und der Bildschirm reflektiert die Sonne entsetzlich, doch es ist immer noch sinnvoller, sich die alten Folgen von *Seinfeld* reinzufahren, als tatsächlich zu arbeiten.

Ich sitze im x-ten unverputzten Büro. Opa-Start-up. Gestrandet in der Fun-Hölle. Buzzfeed-Links und Listicles, ich habe den Ton drauf, verstehe aber überhaupt nicht, wie ein Geschäft funktioniert, das um mich herum immer wieder neu entsteht. Ich bin nur der Typ, der fünf Sachen weiß, die du von Prinzessin She-Ra für dein nächstes Picknick lernen kannst.

Ich warte jeden Tag darauf, dass wir alle gefeuert werden, was mir endlich die Entschuldigung geben würde, mit dem Aktenkoffer in der Hand für die Allianz von Haus zu Haus zu ziehen. Aber nichts passiert.

Eines Tages kommt Tom zu Besuch in die Firma, setzt sich auf die Terrasse, auf der ich mich für den Rest des Nachmittags zurückgezogen habe, um *Seinfeld* zu gucken. Lass sie arbeiten, denke ich. Lass sie machen. Ich habe schon lange keinen Plan mehr, was überhaupt in der Firma passiert, aber die Obstkörbe sind nach wie vor prall gefüllt. Muss also funktionieren.

»Ich stecke in der Scheiße«, sagt Tom.

»Was ist passiert?«

»Da ist diese Frau«, sagt er, und ich kenne die Geschichte. Er merkt, dass ich die Geschichte schon kenne und nicht hören will, zuckt mit den Schultern und sagt: »Hey. Was man nicht alles tut, um einen Orgasmus zu bekommen, während das eigene Geschlechtsteil im Körper einer anderen Person steckt. Na ja«, sagt er.

Ich nicke. So kompliziert habe ich es noch nie betrachtet.

Ich starre ihn an, merke es, widme mich wieder meinem friedlichen Bildschirm. Ich bin lange raus aus der Tom-Welt.

Er sagt: »Themawechsel. Warum ich hier bin: Ey. Lass uns was machen. Pass auf: Nichtraucher-Casino.«

Ich denke darüber nach. »Das ist die dümmste Idee der Welt.«

»Out of the box«, sagt Tom. »Das Geld kommt von Onkel Rudi. Denk drüber nach. Und überleg mal: Wie oft gehst du in ein Casino, um dort in aller Ruhe ein bisschen zu chillen, und störst dich am Rauch deines Nachbarn?« Der Satz klingt, als würde er ihn irgendwo ablesen. Das ist sein *Pitch*. Ich muss lächeln. Auswendig gelernt oder nicht, eigentlich klang der Satz gar nicht mal schlecht.

Ich gehe nicht in Casinos. Aber ich verspreche Tom, dass ich drüber nachdenken werde. Für Onkel Rudi. Tom sagt: »Ist deine Sache. Aber«, er fängt an, durch das Loftfenster, das von der Terrasse auf die Arbeitsplätze unter uns führt, zu zeigen, »das sieht richtig kacke aus. Was sind das für Spacken? Hier bist du den ganzen Tag?«

»Alexander Computer Langer«, sage ich.

»Komm mal mit, Computer Langer, du Vollidiot.« Tom zieht mich aus dem Office. Wir setzen uns in den Benz und rollen die Brunnenstraße hoch in den Wedding. Wir biegen an der Pankstraße ab, Prinzenallee, ich versuche, irgendwo das Gebäude zu finden, an dem ich mich damals entlanggehangelt habe, aber ich erkenne es nicht wieder.

Tom lenkt an tiefergelegten AMG-Mercedes und Bentleys vorbei, die vor Casinos in der zweiten Reihe auf dem Fahrradweg halten. »Guck sie dir an, machen alle den dicken Reibach. Wir nicht.«

»Denkst du vielleicht«, sage ich. »Ich bin mittlerweile Senior … warte …« Ich suche meine aktuelle Visitenkarte, aber Tom winkt ab und zeigt auf ein paar baufällige Häuser in der Bellermannstraße. Berlin-Gesundbrunnen am Nachmittag, eine Welt aus Kartenspielclubs mit vergilbten Gardinchen, Cafés ohne Besucher, Spätis mit zerstörten Alten davor, die Abend für Abend einfach wieder die Treppe nach oben in die Wohnung fallen. Dazu noch ein paar leer stehende Ladenlokale. Die Vorstellung, dass es hier so etwas wie einen normalen Laden geben könnte, belastet die Fantasie hart. Aber Tom geht es nicht um einen normalen Laden, er will ein weiteres Casino in die Ecke bringen.

Tom sagt: »Ich sehe es. Ich sehe es. Das ist es. Ja, das ist es. Mein erster Laden.«

Ich kneife die Augen zusammen. Ich versuche zu sehen, was Tom sieht, aber ich sehe einfach nur noch eine weitere deprimierende, schwarz abgeklebte Bude mit flackernden Lichtern und gelb-rotem Schriftzug.

»Für Nichtraucher«, sagt Tom. »Das ist der USP.«

»Und dass Onkel Rudi den AMG-Fahrern um die Ecke ans Bein pissen will.«

»Das auch. Ist doch ganz normal. Konkurrenz, und am Ende setzt sich das beste Angebot durch.«

Ich schüttle den Kopf. Nicht hier. Nicht im Gesundbrunnen.

»Am Ende setzt sich derjenige durch, der dir einen Gullydeckel durch die Scheibe wirft und den Laden ausräumt.«

Tom guckt noch ein bisschen die Straße hoch und runter, startet den Benz und zieht ihn zurück auf die Badstraße.

Wir fahren nach Mitte zurück. Nach ein paar Minuten sagt er: »Mann, wenn du wüsstest, wie verdammt langweilig mir ist.«

Wir fahren an der Bernauer Straße vorbei, wo Tom ausführlich Mauertouristen weghupt. Ich sehe ihm dabei zu, großer Junge mit großem Auto. »Mir auch«, sage ich.

»Soll ich dich zu deinem Dings, zu deiner Arbeit zurückfahren?«

Ich denke nach, sehe mich wieder in dem loftigen Raum am Schreibtisch sitzen. *Vier Sachen, die du aus deiner gescheiterten Bar in Seoul für dein Casino im Wedding lernen kannst. Sechs Gründe, warum dir Gullydeckelschmeißer egal sein können, wenn du mal einen Tretbootverleih hattest. Sieben Arten Menschen, die du in deinem Nichtraucher-Casino triffst (und was du von ihnen lernen kannst).*

Ich sage Tom, dass er mich vor der Firma absetzen soll.

Tom sieht geknickt aus, aber er lenkt den Benz bis vor die Tür und hebt die Hand zum Abschied. »Also«, sagt er, dann nichts mehr.

Fünf Sachen, die du nur in Gesundbrunnen mitbekommst. Sieben Gründe, warum du gleich jetzt von deinem Schreibtisch aufstehen und nie wieder kommen solltest – Nummer vier wird dich umhauen. Die Neunziger, erinnerst du dich? ;) Festanstellung ist soooo 1997.

Ich sage langsam: »Und Onkel Rudi hat die Automaten? Alle?«

Tom hat schon den Fuß auf dem Gas, die Beifahrertür fällt zu, und wir sind zurück auf der Brunnenstraße hoch in den Wedding, bevor ich mich anschnallen kann.

Später, kurz vor Feierabend, räume ich meinen Schreibtisch leer. Alles, was ich von meinem Arbeitsplatz mitnehmen werde, ist meine Sammlung an Visitenkarten.

Ein Anruf wird zu mir durchgestellt. Ich höre die Stimme meiner Mutter. Sie fragt: »Ist es eigentlich im Warmen? Du arbeitest doch im Büro, oder?«

Wenn du in Montreal lebst, dann sind Büro und Wärme das Wichtigste. Alles andere ist erst einmal sekundär. Meine Mutter hat noch immer den frierenden Jungen von damals vor Augen, der sich zwischen Schneedienst und Schule zwei Tassen heiße Schokolade reingepfiffen hat, wie man es von Typen erwartet, die den Januar ohne Reiseabsicht hinter dem Greyhound-Terminal verbringen. Ich habe nicht den Mut, ihr zu sagen, dass ich gerade gekündigt habe, um bei Onkel Rudi einzusteigen.

»Aber falls du mal gar nichts anderes bekommst, Arbeit, meine ich. Ich hätte da sogar etwas für dich.«

»Was?« *Zehn Gründe, warum du niemals richtig erwachsen wirst (mit gifs).*

»Der Sohn von Madame Delachaux hat doch jetzt Kinder.«

»Was?«, frage ich, mit einer Stimme voll plötzlicher Panik, meine Handflächen werden nass, mein Magen zieht sich zusammen. *Unfassbar: Dieser 33-Jährige dachte, er wäre erwachsen. Was dann passierte, wird dich umhauen.*

»Und ich dachte, dass du da etwas vorlesen könntest ... Oder so. Du schreibst doch? Da bei dir am Schreibtisch? Nur für alle Fälle, falls das wieder nicht hinhaut mit der Arbeit, meine ich.«

»Mama«, sage ich. Oh doch: Mama, sage ich. *Vier Gründe, warum unsere Generation {hier was Neon-mäßiges, bitte – LG Don :)}*

»Natürlich gegen Geld, was denkst denn du?«, sagt meine Mutter, und ich sehe sie vor mir, wie sie am Festnetz-Telefon sitzt und überlegt, mit welchen weiteren Argumenten sie mir diesen Plan B schmackhaft machen könnte.

Und jetzt kommt die eigentliche Katastrophe: Während meine Mutter noch spricht, fange ich an zu überlegen, was die Kinder von Julien Delachaux, die ich nie gesehen habe, gerne für Geschichten hören würden. Ich fange an zu überlegen, was Julien Delachaux mittlerweile verdient – vor Steuern. Und ich fange an zu überlegen, was mich eine Wohnung tief im Osten von Montreal dieses Mal kosten würde.

Wenn du schon alles gemacht hast, dann ist nichts abwegig genug. Leider.

Völlig egal, wie alt du bist, denke ich, nichts ändert sich, nichts. Völlig egal, wie vielen Onkel Rudis du im Wedding und wie vielen hässlichen Homo-Hassern du im Wald begegnest und ihnen nackt hinterherschreist – irgendwo bist du noch immer der Junge, der sich die zwanzig Dollar in Cash von Madame Delachaux auf das Nachttischchen gelegt hat und dann vor lauter Achtklässler-Business-Gedanken richtig, richtig guuuuut schlafen konnte.